JULIO CÉSAR CHÁVEZ

LA VERDADERA HISTORIA

JULIO CÉSAR CHÁVEZ

LA VERDADERA HISTORIA

★ Julio César Chávez ★
★ Rodolfo Chávez ★ Javier Cubedo ★

Julio César Chávez
La verdadera historia

Primera edición: agosto, 2018

D. R. © 2018, Julio César Chávez, Rodolfo Chávez, Javier Cubedo

D. R. © 2018, derechos de edición mundiales en lengua castellana:
Penguin Random House Grupo Editorial, S.A. de C.V.
Blvd. Miguel de Cervantes Saavedra núm. 301, 1er piso,
colonia Granada, delegación Miguel Hidalgo, C.P. 11520,
Ciudad de México

www.megustaleer.mx

D. R. © Penguin Random House / Amalia Ángeles, por el diseño de portada
D. R. © Getty Images, por la fotografía de portada
D. R. © fotografías de interiores, colección personal de los autores

ISBN: 978-607-316-726-0

Impreso en México – *Printed in Mexico*

El papel utilizado para la impresión de este libro ha sido fabricado a partir de madera procedente
de bosques y plantaciones gestionadas con los más altos estándares ambientales, garantizando
una explotación de los recursos sostenible con el medio ambiente y beneficiosa para las personas.

Penguin
Random House
Grupo Editorial

ÍNDICE

PRÓLOGO

Julio César Chávez González: una vida excéntrica, llena de misterios, rodeada de grandes figuras que marcaron época.

Mientras México pasaba por momentos difíciles, "el sensacional y gran campeón mexicano" se convertía en una especie de héroe, en el que todos nuestros arquetipos se veían reflejados en sus triunfos consecutivos. Todos festejábamos sus inolvidables momentos de gloria.

Rodolfo Chávez González, el hermano mayor de Julio César, fue el que dio inicio a la aventura boxística de la familia y fue quien siempre lo acompañó en todo momento de su envidiable carrera.

Aquí la verdad de los mitos sobre la vida pública y privada de Julio César es revelada; en estas páginas se desnuda el alma del ídolo mexicano. Escrita de manera cruda y sin censura, esta biografía está realizada con el fin de que las próximas generaciones sean conocedoras de la verdad del boxeador más grande que dio México para el mundo.

Conozco a Rodolfo, buen amigo y quien me confió esta historia que ahora presentamos, hecha con su testimonio, con sus recuerdos y con muchas revelaciones que le hizo el gran campeón mexicano, Julio César Chávez, anécdotas y precisiones para este libro.

Por mi parte, me siento afortunado por haber convivido de cerca con el ángel que envuelve al carismático personaje. Un líder que cautivó a toda una nación. Rompiendo fronteras y paradigmas mientras su extraordinaria historia sigue dando de qué hablar.

JAVIER CUBEDO GONZÁLEZ

PRÓLOGO

Cuando yo era sparring de Julio, cuando los dos practicábamos, aunque él tenía más de treinta peleas profesionales, sentía que lo dominaba, ya que lo consentía de cierta manera, no lo veía como un fuera de serie. Para mí sólo era el Cacho (así le decíamos en casa). Yo, con casi cien peleas profesionales venía de una derrota con un peleador muy duro: Ramón Avitia. Dos años más tarde se presentó la oportunidad de que Julio vengara mi derrota...

Zurdo Félix, primer entrenador de Julio César Chávez, nos dijo:

—Julio, salió un tiro para que te saques la espina y vengues a tu hermano.

—No —, le dije. Como hermano mayor de Julio César, creí que debía advertirle—. Está muy duro ese chavalo, no hay que agarrar esa pelea.

Pero Julio César dijo de inmediato:

—No, no, no, échamelo Zurdo, le voy a dar en su madre a ese cabrón.

Así era Julio mi hermano, un joven de mucho carácter que no le tenía miedo a nada ni a nadie... hasta ese momento. Aunque yo no estaba convencido de esa pelea, la tomamos y estuve en su esquina, muy nervioso por obvias razones.

Semanas más tarde, nos encontrábamos en el estadio Ángel Flores, empezando el primer round de la pelea; atacando con coraje desde un principio, como un perro rabioso al que le quitan la cadena para empezar a morder. Fue una pelea muy dura para los dos, de toma y daca. La afición de Culiacán que se daba cita en el recinto, estaba más que satisfecha por el espectáculo que estaban presenciando, ninguno de los dos peleadores retrocedían, por el contrario; para Julio no era una pelea más, quería vengarse por la derrota que su rival le había proporcionado a su hermano y demostrarme a mí y a él que era mejor. Así transcurrieron los rounds entre gritos de la afición y ese sonido que se produce entre boxeadores; como si golpearas una res con un bate de beisbol, acompañado de gemidos producidos por el esfuerzo de gladiadores. Así pasaron los rounds, hasta el sexto asalto, cuando Julio hizo desvanecer a su contrincante, dejándolo así, por más de un minuto tendido en la lona, mientras toda la afición lo felicitaba entre abrazos, palmadas y la algarabía que se produce en esos eventos. La verdad nunca esperé que ganara tan contundente; fue cuando pensé: "Algo trae este bato", y desde ese momento dejó de ser un peleador común para mí.

Fue el carácter de mi hermano el que siempre lo sacó adelante. Quizás por la vida que nos tocó llevar desde niños. Por ello, antes de continuar con lo que yo le quiero llamar el despertar de El César, quiero dejar claro lo siguiente: este libro es resultado de toda una vida al lado de Julio César, está hecho con mis recuerdos en su mayoría y con cosas que él me confió, me platicó durante todos estos años. No le doy más vueltas, para empezar quiero remontarme a mi infancia para que entiendan mejor a la leyenda del boxeo.

RODOLFO CHÁVEZ

La infancia de Julio César Chávez

Nuestra niñez se desarrolló en el entorno de un vagón de ferrocarril con mis padres y once hermanos: de mayor a menor, Rodolfo (yo), Rafael (Borrego), Lilian Guadalupe (Perla), Julio César, Cristina, Ariel, Sergio (Cherrys), María Isabel (Mary), Roberto, Cristian (Polito) y Omar.

Yo nací en Culiacán, Sinaloa y vivía en una casita muy humilde, con calles sin pavimentar, en La redonda, como le decían, frente al Palacio de Gobierno. A mi querido Culiacán no se le veía desarrollo alguno según me contaba mi papá que trabajaba como maquinista del ferrocarril del pacífico. Cuando cumplí ocho meses, le dieron la noticia a mi papá de que lo ocupaban en Obregón, Sonora, así que sin pensarlo nos fuimos a vivir allá los siguientes catorce años.

En Obregón vivíamos en una casita de dos cuartos y un baño, se encontraba situada por la calle Guerrero. Al cabo de ocho años ya éramos tres hermanos, hasta que un día, cuando se encontraba en nuestra humilde casa mi tío Ernesto y platicaba con mi mamá, que ya se encontraba embarazada de mi cuarto hermano, de manera inesperada se le reventó la fuente. Inmediatamente mi tío, quien siempre nos ayudó mucho de manera incondicional, llevó a mi mamá a su casa y llamó a un ginecólogo, quien de inmediato acudió al parto:

—Felicidades señora, es un varoncito y por la forma en como reventó la fuente, seguro va a ser un futbolista o boxeador, eso sí, de los mejores —le dijo el doctor.

—Quiero ver a mi niño hermoso —exclamaba con la voz entrecortada y lágrimas en los ojos doña Isabel, mi madre, por la emoción y el esfuerzo durante el parto—. Ni futbolista ni mucho menos boxeador, usted va a estudiar como todos sus hermanos, ¿verdad mi niño? mi cachito.

Cuando mi papá llegó por la noche, con su pantalón de color azul con manchas de sudor y con los zapatos de peón enlodados, producto del trabajo de todo el día. Se abalanzó sobre mi madre con la sonrisa de oreja a oreja y le dijo:

—Donde comen dos comen tres, donde comen tres comen cuatro, y así...

Mi papá estaba feliz porque nos abrazó ese día a todos; lo digo porque mi padre fue una persona muy especial. Mi papá nunca nos pegó, paro tampoco nos acarició, era muy seco, no era afectivo pero sí que nos quería. Ese día mi papá no tomó. Simplemente sacó una silla a la banqueta y con su mirada fija en las estrellas contemplaba el firmamento, dejando salir un suave suspiro. No sé si mi papá estaba rezando, pidiendo algo al cielo o dando gracias, tal vez preocupado por nuestra situación económica, no lo sé, lo que puedo decir es que ese día la vida nos regalaba a todo el mundo al gran Julio César Chávez González.

Fue en 1968, mi hermano Julio tenia cuatro años de edad y nuevamente por cuestiones de trabajo en el ferrocarril, nos mudamos a a Mazatlán, Sinaloa; llegamos sin nada, salvo por unas cuantas cajas de cartón con ropa vieja en su interior, para colmo no teníamos dónde hospedarnos. Gracias a un amigo de mi papá, vivimos en su casa durante tres meses, después mi papá rentó una casita de dos cuartos en la colonia

Montuosa, donde predominaba la pobreza en todas sus expresiones. En ese mismo barrio existía una pandilla llamada Los mongoles; se peleaban, robaban, parecía una escuela para delincuentes. Yo me encontraba en primero de secundaria, en la nocturna. Fue una vida muy apretada económicamente, con carencias constantes y con la ilusión de que algún día las cosas cambiaran para todos nosotros.

Un año más tarde parecía que nuestra situación económica daría un pequeño respiro ya que de nuevo cambiarían a mi papá a Culiacán, Sinaloa. Y así, como nómadas, sin absolutamente nada, llegamos a la calzada Emiliano Zapata, la cual comenzaban a pavimentar. Como no teníamos dónde vivir, llegamos a un furgón de ferrocarril para toda la familia. Recuerdo el olor a tierra mojada y óxido de sus interiores. Rápidamente mi mamá se puso a limpiar toda la mugre de lo que sería nuestra casa: tenia cuatro literas, una pequeña cocina y un baño para todos.

Enfrente de nosotros, cruzando la calle, había un señor que rentaba bicicletas por hora, todas las noches sacaba unos guantes de box y haciendo un semicírculo, con niños alrededor, se llevaban a cabo los pleitos...

—Órale Juanito; te toca a ti hacer guantes con... Carlitos... —decía don Nicia.

Y así se hacían los combates callejeros. Ahí nos encontrábamos de curiosos mi hermano Julio y yo, emocionados por los gritos de los niños, el sonido de los golpes y la adrenalina que corría sobre nosotros. De repente se me aceleró el corazón un día cuando don Nicia señaló a Julio y le dijo:

—¡Órale, sigues tú!

Mi hermano Julio me volteó a ver; no por miedo, sino para esperar mi aprobación, así que sólo opté por asentir y ahí fue cuando el Cacho por primera vez boxeó.

Julio era un chiquillo de complexión delgada pero con buena definición muscular de acuerdo a su edad, tal vez por ser tan inquieto: jugaba volibol, beisbol, futbol, en fin... no paraba. Lo recuerdo entrando y saliendo de la casa todo sudado, era muy hiperactivo, con mucha energía.

El niño con el que boxeó Julio, era notablemente más alto que él y de complexión robusta, pienso que pudo ser unos dos años mayor que Julio. Pero eso no intimidó a mi hermano. Y cuando menos pensé, Julio se abalanzó sobre el otro niño tirando golpes a diestra y siniestra. Las porras, aplausos y malas palabras de los presentes no se hicieron esperar. Los dos niños peleaban como si de ello dependiera el juguete más preciado. A mi hermano no le importaban los golpes recibidos con tal de conectar los suyos; no tiraba ningún golpe al cuerpo como sería su especialidad años más tarde, lo que siempre fue igual, era su determinación para acabar con su contrincante, con ese gran corazón que no le cabía en el pecho. Así estuvieron como por cinco minutos hasta que el gordito dejó de tirar golpes y don Nicia detuvo el pleito, lo que fue para Julio su primera victoria no oficial. Quiero decirles que en mí, aquel día, nació el gusanito por el boxeo.

En muchas ocasiones por las noches nos reuníamos todos los niños de los alrededores en el canal; cortábamos quelites, verdolagas y lo llevábamos a casa para que nos siguieran dejando vagar al siguiente día. En el canal sabíamos de los peligros por la corriente, cauques, serpientes, hierba crecida debajo del canal, etcétera. Pero entre todos y sin la vigilancia de ningún adulto nos armábamos de valor y usábamos el canal como si fuera nuestra alberca privada; aventándonos de una piedra que servía como trampolín. Aprendíamos a nadar como podíamos. Es por ello que en una ocasión el Borrego, mi hermano, le dió veinte centavos a Julio para que no se metiera al canal, ya que se encontraba muy fuerte la corriente, pero a Julio le dio igual, tomó el dinero y con una risa burlesca hacia el Borrego, se metió al canal, inmediatamente el agua lo arrastró y muy asustado empezó a gritar: "¡Ayúdenme, ayúdenme, sáquenme por favor, me estoy ahogando!" Entre todos, desde fuera, le tendíamos la mano pero no la alcanzaba y fue el Borrego, que con la rama de un árbol, se la tendió a Julio y éste se aferró de ella con su mano derecha como una garrapata, al sacar a Julio del canal se encontraba muy asustado, agitado, inclinado escupía agua y empuñaba su mano izquierda; en eso, abrió la palma de su mano... ¡No había soltado los veinte centavos! al verlo, todos nos echamos a reír.

Nuestras navidades no fueron noches de festejo, jamás nos regalábamos nada, era muy extraño que a alguien le amaneciera algo como a la mayoría de los niños de nuestro barrio. Muchas navidades no teníamos ni para la cena, por lo que mi papá tenía que pedir prestado. Tampoco teníamos por qué rezar, ni mucho menos dar gracias. Fue una vida diferente a la de muchas familias. Qué irónica es la vida y cómo da vueltas. A pesar de todo siempre fuimos muy unidos.

A los dos años aproximadamente de vivir en el vagón, nos mudamos a la casa del ferrocarril número 17, ahí mi papá rentaba en una colonia de ferrocarrileros, no había nada alrededor que no fueran casitas en medio de la tierra. Por ello mis hermanos y yo visitábamos la colonia Palmito donde había un cine y no perdíamos oportunidad para meternos de trampa: nos brincábamos una barda ya que era un cine al aire libre. Cabe mencionar que era una colonia muy conflictiva donde continuamente nos peleábamos por la supervivencia del día a día. Para colmo, Julio estaba en la escuela primaria Félix Castro en esa misma colonia. Él era un niño inteligente, pero la directora no lo aguantaba por peleonero. Por lo menos una vez por semana daba show de sus habilidades para intercambiar golpes pero sin guantes. Esa mala costumbre que tenía mi hermano era por lo que constantemente lo tenían en la dirección castigado hasta que mi mamá iba por él; pero eran tantas veces que mi hermano reincidía en sus pleitos, que ya le daba vergüenza a mi mamá presentarse, así que me mandaba a mí. Yo solamente me disculpaba con la directora y le cantaba la misma oración: "Discúlpeme doña, qué pena, ya no volverá a ocurrir, mis papás lo van a castigar en cuanto lo vean", y yo haciendo cara de molesto con Julio. Una vez saliendo de la dirección, Julio me decía que él no se dejaba de nadie y que si le pegaba a los niños era porque ellos empezaban, así que se lo tenían bien merecido. Yo, aunque no quería, me ganaba la risa y muchas veces ni les contaba a mis papás lo ocurrido. Y cómo regañar al Cacho si mi papá era igual de impulsivo que él; seguido peleaba en las cantinas, a mí me tocó verlo varias veces pelear y tenía una pegada impresionante. Yo siempre decía que Julio heredó la fuerza de mi papá y la inteligencia de mi mamá.

Mi papá era cabrón, renegado, pero nunca nos pegaba, cuando tomaba era muy escandaloso, le gustaba mucho cantar y era una lata para nosotros porque sabíamos que no dormiríamos en toda la noche, ya que a mi papá le gustaba nuestra compañía. Era cansado, pero todos extrañamos esas noches ahora que ya no está con nosotros.

Una de esas tardes calurosas, varios muchachos del barrio y yo acabábamos de jugar beisbol en plena calle, como a las seis de la tarde, y pasábamos el tiempo platicando afuera de nuestra casa: el Borrego, Julio, un amigo que le apodábamos el "Beto lágrimas" y yo; de repente se escuchó a lo lejos el ferrocarril que pasaba a unos cuantos metros de donde nosotros nos encontrábamos y como era costumbre, cimbraría toda nuestra casa con un ruido estremecedor, ya que vivíamos en las vías del tren; en esa ocasión fue algo diferente... escuchamos un golpe "fuertísimo" por parte del tren, era una vaca que intentó cruzar la vía; la dejó desangrando entre mi casa y los vagones que pasaban por un lado de ella. De inmediato corrimos todos, a excepción de Julio. Nos dirigimos hacia la cocina por un par de cuchillos para ir tras la comida de la semana. Teníamos que ser muy rápidos ya que saldrían los demás vecinos a arrancar pedazos de la vaca como leones a una cebra, y por otro lado era cuestión de unos cuantos minutos para que el dueño de la vaca la reclamara. Ahí estábamos los tres, llenos de sangre destazando a la vaca con una habilidad y entusiasmo que cualquier carnicería nos hubiese contratado. Los vecinos también hacían su parte y en menos de media hora... ¡Hasta la sangre había desaparecido! Ja, ja, ja, ja... Literalmente nosotros íbamos tras la chuleta, ya que en ocasiones eran puercos los que corrían con la misma suerte de la vaca.

Algunas veces, cuando los furgones quedaban estacionados y se encontraban cargados con distintos granos como frijol, arroz, cártamo, soya, etcétera, surgía la oportunidad para toda la comunidad de ferrocarrileros de conseguir alimento gratuito sin que se dieran cuenta; hacíamos un pequeño orificio en la cinta que cubría toda la parte vertical del furgón e inmediatamente empezaba a caer nuestro "bono obligado", cobrándonos a lo chino. Ya que la paga era muy baja por el trabajo ejercido.

Durante un tiempo Julio se levantaba de madrugada para vender el periódico local *El Debate* y así tener unos pesitos que en realidad le alcanzaba para casi nada.

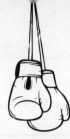

ROUND 2

La iniciación boxística de los Chávez

Era 1971, Silvio García —un exboxeador que se convirtió en un buen manejador en aquella época—, tenía un peleador de cuatro rounds llamado Víctor García, que era amigo mío y a quien veía entrenar. Cuando menos pensé, ya me encontraba entrenando también y en menos de un mes, me inscribí a un torneo en peso mosca (51 kilos). Como la final del torneo estatal se desarrollaría en Los Mochis, Sinaloa, le tuve que decir a mi mamá que iba a pelear. Les digo esto porque a mi mamá no le gustaba que alguno de sus hijos se dedicara al boxeo, ella quería que estudiáramos para convertirnos en hombres de negocios y que nuestro futuro cambiara para bien de todos. Es por ello que su ilusión fue que asistiéramos a colegios particulares. Y así fue, sólo que yo dejaba de ir porque me daba muchísima vergüenza que, frente a todos mis compañeros de clase, me nombraran y me pusieran de pie, para que luego me echaran del colegio por falta de pago; esto se repetía cada mes.

Así que decidí irme a competir la final del torneo fuera de casa; sin parientes ni amigos que me apoyaran en los días de combate, sólo con mi entrenador. Los combates que realizaba aún con poca experiencia boxística, los saqué adelante por el temple de guerrero, me gustaba rifármela, ver de qué cuero salían mas correas y gracias a ello, quedé campeón del estado de Sinaloa.

Después de seis meses de pelear en el boxeo amateur, yo ansiaba ser reconocido y recibir un dinero extra, así que, tras platicarlo con mi nuevo entrenador, El Zurdo Félix, me dijo que ya era momento de dar el siguiente paso: el profesionalismo.

La cita fue en el parque Revolución, en 1971. Frente a ese parque, vivía mi tío Chato (hermano de mi mamá); la situación económica de mi tío era mejor que la nuestra y siempre nos ayudó con despensas, frijol, mango, etcétera. De manera frecuente me quedaba a dormir en su casa con mis primos, en especial cuando tenía pelea de box. En mi debut profesional como boxeador me quedé a dormir en casa de mi tío Chato y no le dije nada a nadie... ¡A nadie!

Así que sólo tomé mi short de boxeo, sin ningún patrocinador estampado como hoy se acostumbra; sin una bata y sin zapatillas de boxeo; sólo con unos tenis viejos, medio rotos, que usaba para entrenar y con muchas ganas de salir con los brazos en alto en mi combate.

Ahí me encontraba sentado en una silla oxidada, en un cuarto sin aire acondicionado, sin abanicos, por encima de los treinta grados centígrados, con mi manejador vendándome las manos y dándome mis últimas indicaciones antes de subir al ring. De repente se escuchó mi nombre que retumbaba por el eco en todo el auditorio y mi apellido, que años más tarde, dejaría huella en la historia mundial del boxeo: "¡De Culiacán, Sinaloa, Rodolfooooo Cháaaaveezzzz!"

Apenas se escuchaban unos cuantos aplausos y uno que otro abucheo, como era de esperarse... ¡Era normal pues a nadie le dije que pelearía!, pero eso cambiaría muy pronto.

El réferi nos llamó frente a frente... la mirada fija de ambos sin parpadear y los ceños fruncidos provocó en mí que se me calentara la sangre y apretara mi quijada, dimos un paso adelante quedando casi rozando la frente de ambos, mi contrincante me hablaba en voz baja, casi balbuceando por el protector bucal que llevaba consigo; ahí fue cuando el público presente empezó a gritar y aplaudir de emoción, esperaban un combate aguerrido.

El réferi intercedió y nos mandó a cada quien a su esquina a que esperáramos el primer campanillazo. El Zurdo Félix, mi entrenador, sonreía y me decía: "Calmado Rodolfo, no te calientes, sube tu guardia y usa la cabeza." Al escuchar la campana de inicio del primer round, tomé la iniciativa presionando, atacando al cuerpo y al rostro principalmente. Mientras, mi contrincante dirigía casi todos sus golpes a mi cara, me facilitaba mover mi cintura para esquivarlos, pero los que no alcanzaba a esquivar tronaban contra mi cara de manera violenta. Y así transcurrieron los cuatro rounds, enfrascados en una pelea bastante emotiva. Gracias a la contundencia y determinación de mis golpes, todos los jueces y el público me dieron el gane por decisión.

Un triunfo bien ganado aun cuando no percibí el dinero que supuestamente ganaría; pero sí salió para mi cena de aquella noche.

Yo sabía que era el comienzo de algo muy duro, pero era lo que yo había elegido y gracias a Dios no me equivoqué, porque yo nací para el boxeo.

En casa, nadie sabía lo que pasaba con mi carrera secreta, mi mamá se dio cuenta de mi profesión como hasta mi cuarta pelea; lo mismo pasaba con mi papá, no estaba enterado de que yo peleaba profesionalmente, pues él nunca se sentaba a conversar con nosotros; en nuestra familia no platicábamos sobre cosas personales, tales como noviazgos, consejos íntimos, sentimientos, etcétera. Nuestra vida en familia era muy rutinaria.

Aun con las condiciones tan precarias en las cuales vivíamos, eso no era impedimento para que yo mantuviera una relación de noviazgo con la que hoy es mi actual esposa, Nereyda Zevada Navarrete. Ella vivía en el mismo barrio que yo. Su papá era chofer de transporte público. Juan Antonio López, peleador profesional, era primo de mi esposa, fue así como comenzó mi romance.

Al cabo de un tiempo, cuando yo llevaba alrededor de qunice peleas invicto, llegaba a casa prácticamente limpio de la cara, sin los estragos de los combates (nosotros siempre tuvimos una piel privilegiada para el boxeo); y ya empezaba a narrar mis triunfos a mis hermanos sobre mis peleas.

En distintas ciudades se repetía la historia, como en mi debut profesional, a la hora de la paga: "Muchachos hoy no salió la función como esperábamos y no hay dinero, pero les vamos a dar para que cenen." Ni hablar, todo era muy diferente a la protección que tiene hoy día el boxeador. Y fue así como inicié a mi hermano, "el Borrego", a entrenar box.

Cuando ya tenía unos cuatro meses entrenando; lo convencí para que peleara en una función de boxeo aficionado, al Borrego se le veía convencido y muy seguro. Pero mientras se acercaba el día de la pelea aumentaban sus nervios, al grado de que el día de la función, estando abajo del ring mi hermano no quería subir.

—Sale carnal ya sigues tú después de esta pelea —le dije.

—¿Sabes que, Rodolfo? No traigo ganas de subirme a pelear, mejor no peleo, no vaya a ser...

—¿Queeé...? ¿Para eso estuviste entrenando todo este tiempo? ¡Borrego déjate de cosas!

—La neta, tú sabes que no le saco, pero de verdad no me siento muy bien.

—Borrego vas a pelear, no vine de balde aquí, no trae nada ese morro, toda va a salir bien. ¡Sale Borrego, súbete al ring, vamos con todo!

Y así subí al Borrego contra su voluntad, empujándolo, a la fuerza... ja, ja, ja... La pelea duró menos de un minuto, ganó mi hermano por nocaut efectivo (el árbitro acabó la cuenta de los diez segundos sin obtener respuesta del contrario). El Borrego sólo sonreía porque se vio muy superior a su rival, lo dejó fuera de combate con una pegada espectacular que sorprendió a todos los presentes.

Su carrera amateur venía en ascenso, tanto así que lo mandaron llamar para integrarlo al Comité Olímpico Mexicano a través de un escrito, pero el Borrego no quiso acudir al llamado. En ese entonces él y yo trabajábamos en tránsito municipal. El licenciado Juan Millán Lizárraga se encontraba como director de tránsito y transportes del gobierno del estado de Sinaloa, nos daba todo el apoyo, pero mi hermano desistió. Así que optamos por debutarlo en el terreno profesional y rápidamente se dio a notar entre el gremio boxístico, repitiendo la dosis como en su primera pelea amateur.

Para que se den una idea de la pegada del Borrego: años más tarde, al culminar su carrera en el boxeo de paga, sin una promotora que lo protegiera, su récord profesional fue de 47 peleas, 41 ganadas, 6 perdidas y 37 nocauts.

Él nos ayudó mucho a que nos abrieran las puertas en distintas plazas, en especial la de Tijuana, Baja California, ya que a cualquier promotor del mundo le es atractivo un peleador agresivo y con una pegada privilegiada. De toda la dinastía Chávez, Rafael (Borrego) era el que poseía una pegada paralizante, seca, de impacto, definitivamente era el más fuerte de nosotros.

Un día, de parte del periódico *El Debate*, me hicieron una invitación a la final del torneo de box municipal en mi ciudad, Culiacán, para que yo entregara los trofeos a los chavos que quedarían campeones. En eso vi a mi hermano Julio César arriba del ring con el equipo de boxeo de aficionado, listo para pelear. Fue una sorpresa para los dos, porque Julio no sabía que yo estaría presente y yo no sabía que él pelearía, ni siquiera lo había visto entrenar. Me habían dicho que estaba entrenando a escondidas de nosotros (el Borrego y yo), en el mismo gimnasio en distinto horario, pero yo no lo veía mal.

Al ser una pelea de aficionados (amateur) y a nivel local, no contaban con un equipo de sonido por eso cuando el anunciador de la pelea nombró a mi hermano con ese grito característico en el boxeo: "¡Julio Césaaaaar Cháaaaaveeeeezz!" Las miradas de la mayoría de los presentes se fueron hacia mí por ser yo el que iba a la cabeza de los Chávez en el boxeo y por ser el galardonado de la noche para la entrega de trofeos. Los aplausos no se hicieron esperar, no sé si fue por mí o por el ángel que, todos ustedes saben, siempre acompaña a mi hermano hasta la fecha.

Al empezar la pelea, Julio, como era su costumbre en los pleitos en la escuela, tomó la iniciativa con una seguidilla de golpes, sin mucha técnica pero con fuerza, con determinación y coraje, a mi hermano se le veía el carácter. En cuanto a su rival, no se dejaba al igual que Julio, tirando golpes sin parar, fallando más de la mitad de los golpes, y no porque Julio estuviera esquivando todos, sino por la falta de experiencia; hacían que ambos se enfrascaran en una pelea como si el fallo de ganador se le daría al que lanzara la mayor cantidad de golpes. Así transcurrieron los siguientes dos rounds para que culminara el combate por decisión unánime a favor de mi hermano. Cuando le levantaron la mano, Julio, poco expresivo pero contento, aceptó los apapachos y felicitaciones de uno que otro aficionado. Quedando campeón municipal de los guantes de oro. Después de ese día, Julio se integró de manera formal al horario de entrenamiento de nosotros. Su disciplina y entrega al gimnasio muy pronto cobraría los frutos en el terreno profesional.

Cuando yo peleaba, Julio por nada del mundo se perdía los combates que se desarrollaban en el parque Revolución, y como no tenía dinero para pagar la entrada, se ponía muy servicial conmigo, me cargaba la mochila, en donde venía mi vestimenta de boxeador, para ingresar al auditorio de colado, como ayudante. En ese entonces él tendría unos doce años y ya estaba enamorado del boxeo.

El Cacho, cuando no vendía periódicos, limpiaba vidrios y hasta lustraba zapatos, siempre buscando la manera de ganar dinero. Quién se iba a imaginar que aquel niñito al que varias veces le negaron limpiar los vidrios de algunos autos, años más adelante le estarían pidiendo una fotografía o autógrafo... definitivamente la vida da muchas vueltas.

Los días transcurrían y nosotros como familia continuábamos soñando por alcanzar una mejor vida. Pero como todos los sueños a veces se convierten en pesadillas, a nosotros nos tocó vivir una.

Era una tarde de mucho calor, tal vez por ello sentimos el infierno ese 24 de junio, día de San Juan. Mi mamá se encontraba cocinando para que la comida estuviera lista a la hora habitual. Mi hermanito menor de sólo cuatro años: Omar, estaba jugando afuera de la casa como era lo común en todos los niños del barrio, en eso, mi hermana Perla iba a cruzar la calle del bulevar Zapata y Omarcito salió corriendo, mi hermana alcanzó a tomarle de la mano para así cruzar los dos deteniéndose en el camellón, ya que pasaban los automóviles a alta velocidad, pero como todo niño insistió en correr y lo logró, pero esta vez mi hermana no alcanzó a detenerlo... Un auto que venía a exceso de velocidad arrolló de manera dramática a mi hermanito, dejándolo inconsciente, al borde de la muerte. El rugir del motor del automóvil para darse a la fuga y el grito desgarrador de mi hermana, fue suficiente para que mi madre saliera de casa y presenciara ese horrible espectáculo: autos atravesados alrededor del Omarcito y otros más que pasaban lentamente para observar lo ocurrido, mientras algunas personas se movilizaban en busca de ayuda médica, otros más sólo estaban de curiosos. Perla, de rodillas, suplicaba a su hermanito que abriera sus ojitos, limpiaba la sangre del rostro con sus manos. Mi mamá lo abrazó para cargarlo y pidió ayuda con desesperación. A lo lejos se escuchaba ya la ambulancia, de inmediato le dieron los primeros auxilios. En cuestión de minutos nos encontrábamos los diez hermanos y mis papás velando por la salud del menor de los Chávez González, quien se encontraba en terapia intensiva en el hospital del Seguro Social.

Las noticias del doctor no eran favorables: a Omar lo mantenía con vida una máquina que hacía sus funciones vitales. Esa noche nadie quiso

La iniciación boxística de los Chávez ROUND 2

ir a casa, todos pasamos la noche en el hospital, algunos de mis hermanos vencidos por el cansancio, intentaron dormir hechos bola, tirados en
el suelo y otros sentados en una silla, cabeceando por el mismo agota-
miento. A mi papá se le veía muy preocupado, en silencio. Mientras que a
mi mamá la mantenía despierta la ilusión de que en cualquier momento
le darían la buena noticia de que todo volvería a la normalidad... pero
no fue así; a los pocos días de vivir ese calvario, mis papás tuvieron que
tomar una de las decisiones más duras de su vida:

—Señor y señora Chávez —dijo el doctor—. Es todo lo que pudimos
hacer por su hijo. Créanme que hicimos todo lo posible por estabilizarlo.
Él sigue respirando pero lo hace a través de una máquina.

—Pero si está respirando... —contestó mi mamá—, a lo mejor despierta en cualquier momento doctor.

—Su hijo ya no tiene actividad cerebral. Su estado es vegetal. Los
costos que está generando al hospital son innecesarios.

—Y si nos renta la máquina y la llevamos a la casa tal vez... —propu-
so mi papá.

—Señor, señor, por favor. ¿Tiene idea del costo que esto le repre-
sentaría? Sinceramente no creo que tenga para pagarlo. Sé que es difícil
de entender y digerirlo en estos momentos, pero sugiero como doctor,
que se desconecte al niño. Esto no es vida, ni para él ni para ustedes
como familia. Los dejo unos momentos a solas y vuelvo enseguida para
que me den su aprobación, con permiso.

Mi mamá con las ojeras por días sin dormir y con lágrimas en los
ojos, abrazó a mi papá y le dijo:

—Rodolfo, qué hacemos, dime ¿Qué vamos hacer?

Mi papá simplemente inclinó su cabeza sobre su mejilla y se quebró,
echándose a llorar, correspondiendo al abrazo de mi mamá. La decisión
ya estaba tomada...

La imagen confusa que tengo de esa parte de nuestras vidas es
como una fotografía del infierno, como una pintura de verdadero dolor

29

con colores grises y mucho rojo que no puedo ver con calma, y quiero borrar de mi mente. El impacto que causó en mí ver a mi padre llorar como un niño desconsolado, fue tremendo; aquel hombre fuerte y frío al que no le conocíamos sus sentimientos, ese día se mordía los labios y se cubría su rostro desfigurado por el dolor que le causaba la pérdida del más pequeño de sus hijos.

Tengo el triste recuerdo cuando cambiaban de ropita a Omar para darle su último adiós. Su cuerpecito tendido en la cama, sin vida, parecía que estaba dormido, su carita de ángel transmitía su propia paz.

Dicen que los ojos son las ventanas del alma: al ver a mi madre, al mirar sus ojos llenos de lagrimas, me di cuenta que su alma estaba siendo torturada y le sangraba el corazón. Solamente sollozaba y murmuraba casi en silencio... Tal vez le decía a Omarcito lo mucho que lo amaba, pedía a Dios que lo recibiera, asegurándole que muy pronto estarían juntos.

Qué duro fue para nosotros, como familia, vivir ese episodio; definitivamente Omarcito nos unió más. Dios sabe por qué hace las cosas, pero qué difícil es entenderlo y aceptarlo.

Puedo decir que la partida de Omar nos afectó a todos. Yo no estoy en la cabeza de mi hermano Julio, pero tanto lo tenía en su mente, que muchos años después, cuando tuvo a su segundo hijo, en honor a nuestro hermano menor, lo nombró y bautizó de igual manera: Omar.

ROUND 3

El debut profesional de Julio César Chávez

Y la vida siguió. Después de que Julio hiciera una corta carrera como aficionado, su destino lo esperaba para que se iniciara en el boxeo de paga, en 1980; su cita era contra un peleador más experimentado que él: Andrés Félix, un peleador espigado, difícil para la poca experiencia de mi hermano.

La gente esperaba a que el tercer boxeador de los Chávez, abriera la función de boxeo; por ser un peleador de iniciación, boxearía cuatro rounds. A Julio César le estaban terminando de colocar el vendaje de protección en las manos:

—¡Oye! ¿Y al otro también le van a poner el mismo vendaje que a mí? Se siente como yeso —decía Julio sonriendo, mientras empuñaba la mano derecha estrellándola contra la palma de su otra mano para probar el vendaje.

Ahí estaba el Cacho, de cara hacia su inevitable destino; aquel que dejaría huella en todo México y en la historia mundial del boxeo, sentado, con su cuerpo inclinado hacia enfrente y su vista hacia arriba, clavada en la puerta de la entrada del camerino, como un tigre que está a punto de atacar a su presa.

En ese momento interrumpieron su concentración; se aproximó una persona, el encargado de revisar el vendaje quien hizo entrega de un par de guantes aguados, que apestaban a sudor añejo, para que se los colocara Julio.

Una vez puestos los guantes, Julio abre y cierra la boca en repetidas ocasiones para calentar la quijada, sacudiendo los brazos y dando un par de saltos. Para después salir del camerino hacia el ring de boxeo.

Su rival entraba al cuadrilátero segundos más tarde que Julio. El Virolo, miraba fijamente a mi hermano, tratando de intimidarlo. Julio simplemente lo observaba y esquivaba la mirada de su rival.

El anunciador primero presentó a Andrés El Virolo Félix ante el público y después presentó a Julio como el menor de los Chávez (refiriéndose a los que boxeábamos).

Al estar frente a su contrincante, mientras el réferi daba las indicaciones, El Virolo continuaba con su estrategia de intimidación, tratando de congelarlo; mi hermano clavaba su vista en la lona con la cabeza semiinclinada como lo haría posteriormente en la mayoría de sus peleas.

Al sonar la campana, Julio tomó la iniciativa tirando un par de golpes, los cuales no pudo conectar. Rápidamente El Virolo sacó su experiencia a relucir, esquivando golpes mediante sus piernas para apenas alcanzar a golpear a Julio en la frente con un jab (puñetazo veloz y directo, lanzado con la mano delantera desde la posición de guardia). Mi hermano movía la cintura en semicírculos y de lado a lado, dejó de golpear por un momento, como tratando de medir a su rival. El Virolo continuaba lanzando solamente jab´s, tratando de mantener a Julio a distancia y no se le veía tan seguro como antes de iniciar el round. Yo no me encontraba en su esquina, me encontraba gritando como un aficionado más: "¡Vamos carnal, tira, suéltate Julio!" En eso estalló un volado de derecha sobre la cien por parte de Julio, eso hizo que ambos se enfrascaran en una pelea aguerrida, de cuerpo a cuerpo. Mi hermano, a pesar de no contar con la experiencia boxística que tenía su rival, se veía mejor; con ese coraje y valentía que siempre recordaremos de Julio César Chávez. Los siguientes tres rounds fueron muy similares, fue una pelea cerrada, muy dura, esforzándose al cien por ciento, fue desgastante, tanto que Julio sentía que se le saldría el corazón. El triunfo nos lo llevamos por la vía de los puntos, de manera unánime.

Mi hermano contento pero reservado, sin hacer mucho escándalo, levantaba sus dos manos y se despedía del público en las cuatro esquinas, incluyendo a su rival Andrés El Virolo Félix, quien inconforme con el resultado, retó a Julio a una revancha, Julio le dijo que cuando quisiera que se arreglara con su entrenador y adelante.

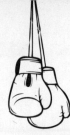

Julio César Chávez se da a conocer en el boxeo nacional

Tuvieron que pasar ocho peleas profesionales de Julio, provocaciones y retos, que en muchas ocasiones eran en la cara de Julio por parte de Andrés El Virolo Félix, para que se efectuara la ansiada revancha que quería Andrés y el público; ya que la prensa también se encargó de calentar la pelea con dimes y diretes.

El día de tan ansiada revancha entre los dos novatos en el boxeo de paga, las apuestas entre los aficionados eran encontradas, unos decían que El Virolo debía de ganar porque era ilógico que hubiese insistido tanto en la revancha si no tenía la seguridad de una victoria, ya que no había buen dinero de por medio. Otros decían que Julio había estado peleando muy seguido en poco tiempo y eso le había dado mayor experiencia; para ser exactos nueve peleas en nueve meses.

Lo que sí era un hecho, es que los dos darían todo arriba del ring y mi hermano en particular, estaba decidido a noquearlo:

—¡Le voy arrancar la cabeza, para qué anda de hocicón!

—En su última declaración dijo que subió con fiebre a pelear por eso no rindió bien, pero que ahora va ser otra historia —sonriendo su entrenador, El Zurdo Félix, le decía eso sólo para calentarle la cabeza a Julio, para que saliera más agresivo porque sabía de su capacidad.

—Ja, ja, ja ja... uuuuuu... carnal, eso ya calienta y no te voy a decir lo que a mí me dijeron porque no quiero que te asustes —yo le seguí la jugada al Zurdo Félix.

—¡Le voy a poner una madriza a ese cabrón, te lo juro!

Y así fue como Julio subió al cuadrilátero, con la cabeza y la sangre caliente como la lava de un volcán a punto de hacer erupción. Ése era mi hermano a la hora de estar frente a su rival. El réferi antes de dar inicio al combate, por reglamento, les pidió a ambos peleadores que chocaran sus guantes; Julio lo hizo de mala gana, chocando un guante con fuerza mientras se daba la media vuelta para irse a su esquina y dar inicio al combate. Tanto El Zurdo Félix como yo estábamos emocionados porque sabíamos que Julio saldría a "ponerle una madriza" como él dijo.

Al sonar la campana Julio no realizó su round de estudio, por el contrario se le abalanzó con una seguidilla de golpes al rostro y al cuerpo, parecía que le arrancaría la cabeza con impactos muy fuertes, que de inmediato desestabilizaron a El Virolo y en vez de abrazar a Julio para evitar que continuara castigándolo, se puso valientemente a intercambiar metralla. Todos los espectadores gritaban de emoción por la guerra que estaban presenciando arriba del ring. Al sonar la campana fue un respiro de salvación para el rival de mi hermano ya que estuvo punto de ser noqueado. Al empezar el segundo round Julio salió con la misma determinación, sólo que ahora la campana no pudo salvar a Andrés El Virolo Félix, quien fue derrumbado antes de terminar el segundo round por un Julio César Chávez ya muy superior al que nueve meses atrás había enfrentado.

Mi mamá lavaba ajeno para obtener un dinerito y así contribuir con la apretada economía que se vivía en casa. A nosotros no nos gustaba ver a mi mamá así, por lo que sentíamos el compromiso de ayudarla económicamente. Pero a Julio le afectaba más y siempre le decía a mi mamá que él sería campeón mundial y ya no tendría que seguir lavando ajeno, además le haría una casa para ella. Mi mamá sonreía y parecía que se acostumbraba al tema principal de la casa: el boxeo. En nuestra familia ya existía un poco más de comunicación, en especial entre los tres boxeadores ya que en ocasiones salíamos a pelear en la misma función.

Así, nuestra primera vez juntos, fue en Navojoa: el Borrego a diez rounds, Julio a seis rounds y yo a diez rounds. Llegamos los tres a un hotel que se encontraba en mejores condiciones que el lugar donde vivíamos, a pesar de ser un hotel económico. Además comeríamos algo diferente a frijoles con arroz, ya que casi a diario era con lo que nos alimentábamos, y si salía bien la función para el promotor, excelente para nosotros, ya que recibiríamos el dinerito acordado.

Nuestros combates llamaron la atención por ser tres gallos de pelea con la misma sangre, por nuestro récord de invictos y por la agresividad mostrada en nuestros combates. Tanto así que a título personal gané cuatro veces la mejor pelea del año.

Ese viernes por la noche, salimos ganadores los tres de nuestros compromisos. Cenamos y nos regresamos en la madrugada sin avisar al resto de nuestra familia de los resultados obtenidos en Navojoa, ya que mi mamá no tenía teléfono en casa. Para el siguiente lunes ya estaríamos entrenando para no perder la preparación porque sabíamos que en cualquier momento nos saldría un pleito y siempre teníamos que estar listos.

En Culiacán ya éramos peladores estrellas a nivel local, ya nos ubicaban y aparecíamos en la revista *Ring Mundial* que salía mensualmente en todo México y parte de Estados Unidos. En dicha revista revisábamos las clasificaciones nacionales a ver si ya aparecíamos en los primeros quince del país. En esos tiempos el estar clasificado nacional te daba un valor agregado como peleador, antes de que aparecieran todos esos títulos de todos sabores y colores que hoy día tienen un valor muy por debajo de lo que era el título nacional mexicano, donde en realidad se enfrentaban los mejores del país, en donde la mayoría de los campeones de México estaban a la altura para disputar un título del mundo.

En ese entonces algo bueno pasaba con las Comisiones de boxeo y Ayuntamientos; las personas que conformaban las comisiones eran gente de boxeo, honorables, querían y apoyaban a nuestro deporte: entrenadores, peleadores, promotores y hasta la misma afición. Algunas veces peleábamos hasta tres veces por mes. Las facilidades que daban los Ayuntamientos para que se realizaran eventos constantemente, hacían que en todo el estado se estuvieran formando boxeadores con fuentes de empleo dignos para la sociedad. Hoy día la gran parte del gremio boxístico añora aquellos días.

La pelea profesional número doce de Julio César fue muy polémica; Miguel Ruiz, contrincante de Julio no era peleador fácil, es más, era fuerte. Era un peleador de los cuales llamamos caladores del boxeo, al cual veíamos como una dura prueba para mi hermano, para observar su comportamiento dentro del ring y así tomar la decisión: si estaría listo para subirlo a pelear a mayor número de rounds, lo cual significaba obtener más dinero, pero con peleadores de mayor jerarquía.

La pelea se desenvolvió con el clásico round de estudio, a Julio nunca le gustó desperdiciar golpes, lo que lanzaba eran misiles con trayectorias dirigidas con un destino casi seguro; y así fue, después de esquivar la mayor parte de los golpes del adversario y conectar unos cuantos a su favor, Julio lanzó un cañonazo y fue justo al momento de sonar la campana, el rival se desvaneció y no se logró recuperar, por lo que descalificaron a Julio. La afición le reclamaba al tercero sobre la superficie del cuadrilátero y abucheaban repudiando la decisión tomada. Al siguiente día se interpuso una carta de inconformidad ante la Comisión de boxeo, para que luego tomaran la decisión acertada de dar el fallo a favor de Julio César Chávez. Nocaut efectivo en el primer asalto.

Para 1981 Julio César Chávez contaba con veinte peleas ganadas al hilo y se había hecho acreedor de una fama de pelador de respeto, el público lo reconocía como noqueador, la prensa nacional se expresaba muy bien de él diciendo que tenía un gran futuro; incluso se hablaba sobre una posible pelea por el título nacional.

Julio estaba entregado a su pasión: el boxeo. Mucha gente ya lo conocía, pues salía muy seguido en los periódicos pero eso no mareaba a mi hermano. Cada vez eran más las mujeres que se fijaban en él, Julio ya vestía mejor, le daba por arreglarse como un playboy. Cuando llegaba de Tijuana, después de pelear, con dinero en la bolsa del pantalón, se le veía con ropa nueva, perfumado, estrenando lentes de sol y siempre con esa sonrisa de oreja a oreja. Su vida mejoraba en todos los sentidos.

Mientras tanto, entre pelea y pelea, ayudaba económicamente a la casa a pesar de que todavía no ganaba bien. Cuando El César del boxeo se presentaba en Tijuana, Baja California, los promotores se encantaban, se relamían los bigotes ya que a pesar de que no era originario de allá lo adoptaron como uno de sus peleadores predilectos y cada vez era más notorio el público creciente que acudía a apoyarlo.

Uno de los promotores que estaba muy contento por el desempeño de Julio fue Esteban Virgen, quien lo invitó a que se mudara a Tijuana de manera indefinida; ofreciéndole una mejor paga de la que percibía, alojamiento, alimentación y un lugar dónde entrenar. Julio nunca se había separado de nosotros: su familia, pero tendría más oportunidad de crecer boxísticamente, por eso aceptó.

Fue duro para mi hermano estar sin su clan familiar, casi incomunicado, ya que nosotros no contábamos con un teléfono de planta. Después me enteré que fueron muchas las noches en las que dormía con lágrimas en los ojos; añorando las bromas y pláticas con nosotros y muy en especial con mi mamá. Julio empezó a pedir al cielo y a dar gracias a Dios, ya que la esposa de Esteban Virgen era muy católica y los domingos lo llevaban a la iglesia inculcándole la fe en Dios.

Entre las noches de soledad y nostalgia, ese nuevo amor de Julio con Dios hizo que se entregara a su religión e hizo su primera comunión a los veinte años.

Pasaron más de tres meses de no estar con nosotros, y a su regreso, lo vimos más maduro pero con ese mismo espíritu jovial y travieso. Mi mamá lo consentía por los días de ausencia, pero sólo por un abrir y cerrar de ojos, ya que volvió a partir, a continuar entrenando y peleando en Tijuana. Así fue su vida por el lapso de un año y medio aproximadamente.

La primera pelea en el extranjero de Julio César Chávez

Corría el año de 1982, debido a su disciplina y entrega tanto en el gimnasio como en los eventos de boxeo, a Julio se le dio la oportunidad de llevar a cabo su pelea número 34 en el extranjero, por vez primera. Era un paso muy importante para él, puesto que se presentaría en un excelente escaparate: el Memorial Auditorium, de Sacramento, California, en Estados Unidos; allí tendría que demostrar su talento en la pelea de respaldo por el título mundial del Consejo Mundial de Boxeo entre Rafael Bazooka Limón y Bobby Schoolboy Chacón.

Su rival en turno era Jerry Lewis, un peleador de color al que Julio ya había derrotado en Tijuana dando una buena pelea, sólo que esta vez Jerry pelearía en casa por lo que representaba un mayor peligro.

Julio estaba más que emocionado, tendría por primera vez su pasaporte con visa, ganaría en dólares y se asomaba hacia un nuevo y prometedor escenario que estaba muy seguro de conquistar.

Al cruzar la línea divisoria entre México y Estados Unidos, Julio llevaba sus documentos en regla, sin embargo, al momento de pedirle su pasaporte y visa por parte de inmigración, se mostró un poco nervioso. Quién pensaría que años más tarde pasaría en más de una ocasión sin documentos como si fuera el presidente de aquel país, producto de la fama y admiración que todos sentían por el gran campeón mexicano.

Al llegar al hotel, Julio compartió un cuarto con camas separadas con su entrenador, El Zurdo Félix. Al entrar al cuarto rápidamente dio un salto de canguro a la cama y sólo de sentir aquellas sábanas de algodón egipcio con más de 1, 500 hilos y las almohadas de pluma de ganso, dijo:

—Se me hace que no voy a pelear, me voy a quedar todo el día aquí en la cama, ¡está a toda madre este hotel!

—Nomás no te vayas a querer llevar la cama a Culiacán —le dijo El Zurdo Féliz en son de broma—. Tienes veinte minutos para disfrutar porque ya van a venir por nosotros para que te hagan los exámenes.

—¿Exámenes? ¡Pues si no estudié! Ja, ja, ja, ja... Ya, dime la neta, Zurdo ¿Exámenes?, ¿de qué, o para que?

—Es en serio, son los exámenes que te exige la comisión de boxeo del estado de California, creo que tienen vigencia de un año y son pruebas muy completas: físicos, vista, cerebro, sangre, etcétera.

Ese día se la pasaron en hospitales y laboratorios sin disfrutar del bufete que ofrecía el hotel ya que Julio tenía que cuidar su peso pactado en el contrato.

El día del pesaje no quería despegarse de la cama, seguía durmiendo más de lo habitual y El Zurdo no quiso interrumpir su sueño, ya que durante el descanso los peleadores bajan de peso naturalmente por su mismo estado físico en reposo. Al despertar, Julio se lavó la cara y dientes, se vistió con ropa deportiva y se dirigió al pesaje. Ahí se encontraba la prensa internacional; la mayoría hablando un idioma desconocido para Julio, con cámaras fotográficas lanzando flashes y cámaras de televisión; algo que mi hermano nunca había vivido. Como todo un profesional, Julio subió a la báscula en ropa interior marcando el peso pactado.

Después se anunció el pesaje de la pelea estelar: primero llamaron a Rafael Bazooka Limón para que subiera a la báscula, era un peleador que se distinguía por su valentía y a quien años más tarde Julio enfrentó. Julio disfrutaba de una coca-cola bien helada, en ese entonces no existían los rehidratantes, desconocíamos los electrolitos, recuperadores y no teníamos información nutricional. No se había alejado mucho de la báscula y antes de que Rafael "el Bazooka" subiera a ella, volteó a ver a mi hermano asintiendo con la cabeza, a lo que Julio le sonrió porque ya había dado el peso, pero también sonrió porque Julio muy pronto estaría en la posición del Bazooka , disputando un título mundial.

El retador al título del mundo, Rafael Bazooka Limón, dio el peso pactado. Por último, llamaron al campeón: Bobby Schoolboy Chacón. Llevaba un séquito de mucha gente que gritaban y aplaudían con algarabía. Uno de ellos sostenía en alto el cinturón dorado de campeón mundial; mi hermano no despegaba la vista de aquel cinturón, como si fuera la mujer más bella del mundo y ésta le hubiera guiñado el ojo y arrojado un beso. Julio quedó flechado y lucharía por él a como diera lugar. Aun cuando pasaría más de un año para conquistarlo.

Después del pesaje oficial, Julio y El Zurdo se dirigieron al bufette del hotel. Y estando ahí empezó la selección de comida de mi hermano. Quería todo, absolutamente todo le gustaba y llenaba los platos de comida como si fuera un peso completo. Después del segundo plato de comida que mi hermano llevaba a la mesa, El Zurdo trataba convencer a Julio de retirarse porque ya habían comido demasiado y no era bueno para él ya que pelearía horas más tarde ese mismo día, pero Julio solamente decía: "Aguanta Zurdo, ya es el último pedacito", y continuaba comiendo; por fin después de tanto insistir, al ver la preocupación del Zurdo, Julio se levantó haciéndole creer a su entrenador que fue suficiente, pero solamente se levantó para ir por el postre. Les digo esto porque a principios de los años ochentas del siglo pasado el CMB (Consejo Mundial de Boxeo) determinó que el máximo de rounds que podrían pelear sería hasta doce asaltos, debido al desgaste físico de los peleadores y las muertes ocasionadas, y que el pesaje de los boxeadores sería un día antes de la pelea pactada para salvaguardar la integridad de los boxeadores.

Julio no se mostraba nervioso antes de pelear. Conociendo a mi hermano, seguro pensaba que muy pronto se vería cristalizado su objetivo de ser campeón del mundo y así ayudarnos a nosotros, su familia, pero muy en especial a mi mamá.

Ya con los guantes puestos, Julio empezó a estirar sus brazos con pequeños golpes al aire y golpeándose un par de veces su propia mandíbula.

En eso entró al camerino una persona de traje con un gafete, era el director de encuentros de la comisión atlética de California, nos dijo:

—Hello guys! How are you tonight? Ok, let´see... Julio César Chávez from Culiacán, Sinaloa. —Julio y El Zurdo se voltearon a ver las caras sin contestar.

—Are you ready? —Julio se mantuvo en silencio al igual que su entrenador—. You must be, because you´re next...

—¡Usted es el siguiente!—, exclamó el director de encuentros con una acentuada pronunciación.

El Zurdo asintió con la cabeza y le empezó a aplaudir a Julio para animarlo diciendo:

—¡Vamos Julio, échale con todo, eso es!

Tomó la bata que tenía colgada y se la colgó a Julio para que de inmediato fueran hacia el pasillo que los conducía al ring.

Los aplausos y gritos de la afición alimentaban el espíritu de mi hermano.

Al estar sobre el ring, Julio simplemente quería que le soltaran la cadena para empezar a atacar, y así fue...

Al sonar la campana, comenzó presionando pero sin tirar muchos golpes, esquivando todo lo que su contrincante lanzaba. Cerrando las salidas para acorralarlo y golpearlo principalmente en las zonas blandas del cuerpo.

Mientras transcurrían los rounds, las personas que se daban cita en el Memorial Auditorium sólo hablaban de la destreza de Julio para esquivar los golpes y de su fiereza. Incluso lo veían como un digno retador al título mundial de su división.

En el sexto round Julio acabó con Jerry Lewis sin que éste pudiera reincorporarse para seguir peleando. Así, Julio César Chávez empezó a ganarse fanáticos en la Unión Americana.

Después de llegar de los Estados Unidos a Culiacán, una vez comprada la casa de mi mamá, Julio empezó a ampliarla dejándola casi al doble de su tamaño original. Le arregló la fachada de la entrada al gusto de mi hermano, mi mamá estaba simplemente feliz.

A Julio no se le subieron los humos y ni se acostó sobre sus laureles, por el contrario, continuó con su humildad y respeto entre nosotros. En menos de una semana de su victoria en el extranjero, continuaba entrenando sin borrar la bella imagen que le produjo aquel cinturón dorado de campeón mundial cuando lo vio.

Al poco tiempo tendría tres peleas más en tierras mexicanas con peleadores duros, incluso uno de ellos excampeón nacional. Aun exponiendo Julio su calidad de invicto. Pero mi hermano ya estaba predestinado, seguía ganando de manera contundente por nocaut.

El Memorial Auditorium de Sacramento, California, le echó de menos, por lo que de nueva cuenta fue llamado contra el clasificado número dos del ranking nacional: Romero Sandoval. Julio continuó con esa racha ganadora y se comió a su rival en el segundo round, dejando atónitos a muchos aficionados.

Controversial promotor aparece en la vida de Julio César Chávez

Un experimentado y polémico promotor de boxeo se enteró del diamante en bruto que hacía estremecer al Memorial Auditorium de Sacramento, por eso le ofreció al Cacho una pelea difícil contra un peleador que tenía bastantes seguidores en Los Ángeles, debido a los aguerridos combates que presentaba. Hizo una excelente combinación, dando como resultado una buena suma de dinero, garantizada para el promotor: Don King.

Con contrato en mano para la siguiente función en el Memorial Auditorium de Sacramento, California, Julio sabía de su calidad como peleador y se sentía listo para las grandes peleas. En común acuerdo con su entrenador se comprometieron a dar una pelea más en Culiacán, Sinaloa. Aun teniendo en cuenta los riesgos por el contrato previo que se había firmado. Si perdía, se le vendría todo abajo, descuidaba los dólares americanos por ganar unos cuantos pesos mexicanos.

El día de la pelea, Julio se entregó a su público en Culiacán, dando una cátedra de buen boxeo, así apareció en escena el inminente nocaut en el segundo round.

Aprovecharon el buen estado físico de Julio, quien continuó sus entrenamientos para la pelea en puerta que tenía en California contra Adrian Arreola. A Julio se le había contratado solamente para esa pelea, pero se encontraba sin un representante, sin un dirigente boxístico, por lo que no tenía el respaldo de ninguna promotora. Lo que significaba que tendría peleas muy duras donde los promotores lo usarían como carne de cañón.

Mi hermano llegó cinco días antes a California para su pelea, estaba en óptimas condiciones, pero con dolor de estómago y diarrea. Algo que ocultó para que su entrenador no se preocupara.

Como ustedes saben, Julio siempre ha sido un guerrero, ni la deshidratación ni el dolor de estómago lo detuvieron, así que subió al ring a jugársela al todo por el todo; pero su rival, siendo ídolo local y respaldado por Don King, no estaba dispuesto a ceder su lugar a Julio.

Ya estando listos para subir al ring, Julio con los guantes ya puestos los colocó en los hombros de su entrenador para hacer una especie de trenesito y así caminar a paso rápido al encordado. Durante el trayecto mucha gente lo animaba con gestos de apoyo, palmadas en los brazos y espalda. En el ring Julio soltó unos cuantos golpes al aire y movió la cabeza de lado a lado.

Al sonar la campana del primer round, ambos empezaron a mostrar sus mejores armas con combinaciones de golpes, movimientos de cintura para esquivar los ataques. La agresividad de los dos hizo que con este primer round, se robaran el show de la noche. En el segundo round Julio continuó presionando, trabajando al cuerpo y rematando arriba, pero Adrian hacía lo suyo para responder con fiereza, los embates de mi hermano eran conectandos con la misma contundencia recibida. Al sonar la campana del segundo round la gente aplaudió y la afición se encontraba dividida, pero muy emocionada y metida de lleno en la guerra que ofrecían los dos.

—¡Dame agua, Zurdo! —decía Julio.

—Muy bien, Julio —El Zurdo animaba a Julio—. Lo estás haciendo muy bien. Sigue trabajando abajo y rematando arriba. Ponte vivo Julio, te va a estar presionando abajo porque se dio cuenta que te dolió ese ganchito.

—Lo que pasa es que me duele mucho el estómago, traigo como una infección.

—¡Ay Julio, Julio! Ya olvídate de eso y haz tu pelea, ya te echaste a la bolsa a la gente y al promotor ¡Sigue presionando, vamos muy bien!

Los rounds continuaron de la misma manera: un par de fajadores disputándose la vida, ofreciendo un gran espectáculo. La pelea era muy pareja y durísima, desgastante para los dos. Fue ahí donde Don King se enamoró del boxeo de Julio César Chávez. Acostumbrado Julio a su racha de nocauts, en esta pelea se fueron a las tarjetas de los jueces donde lo vieron como el vencedor.

Al llegar a Culiacán, Julio acudió cada vez con más frecuencia a la casa de un boxeador, amigo mío y del Borrego: Fermín Carrazco. Pero no era para hablar de boxeo, era para ver a su hermana, Amalia Carrazco, quien tiempo más adelante se convertiría en la madre de sus hijos: Julio César junior, Omar y Christian.

Julio no tenía problemas compartiendo sus dos pasiones: Amalia y el boxeo. Era disciplinado y responsable, además se le veía más alegre que de costumbre.

Al no ver nada claro respecto a una pelea en el extranjero, El Zurdo Félix y Julio decidieron seguir peleando en México. Por lo que volvió a tener tres encuentros, los cuales ganó por nocaut.

Su récord crecía, así como sus ganas de compartir más tiempo con Amalia. Al llegar de su última pelea realizada en Hermosillo, Sonora, Julio tenía ganas de estar con Amalia y de disfrutar un merecido descanso, divirtiéndose sanamente, por lo que decidieron ir a una boda en el Country Club de Culiacán. A ambos se les veía muy alegres y muy cariñosos, en esa boda se encontraban los papás de Amalia y cuando empezaron a

buscar a su hija se encontraron con la sorpresa de que había desaparecido, pero casualmente Julio también.

En ese entonces yo ya estaba casado con mi esposa y vivíamos en
nuestro propio departamento, por lo que me enteré al día siguiente que
los papás de Amalia estaban desesperados, buscando a su hija, entonces
acudieron a casa de mi mamá para preguntar a Julio si sabía algo de ella,
pero mis papás estaban igual de desconcertados al sacar por conclusión
que El César del boxeo se había robado a su novia.

Mi hermano no tenía carro. Es posible que haya tomado un taxi hacia la central camionera. Pero eran sólo especulaciones, ninguno de la
familia sabíamos.

La oportunidad que cambió la vida de Julio César Chávez

A los dos días de estar desaparecido, la promotora de Don King hizo contacto con El Zurdo Félix para ofrecerle una pelea de título mundial contra Mario El Azabache Martínez. Inmediatamente se aceptó la pelea solicitando el contrato, pero Julio... ni sus luces.

Recuerdo que nosotros: los hermanos y tíos, lo buscábamos en todos los lugares que creíamos que podrían estar: hoteles, moteles, casas de conocidos, pero nuestra búsqueda fue en vano.

Como a la semana de la "desaparición" de los tortolitos, Julio hizo contacto con El Zurdo Félix y él, entre desesperado y emocionado le contó sobre la gran oportunidad que le esperaba, incluso le dijo que tenía los boletos de avión listos para que regresara a entrenar para su pelea por el título del mundo. Julio no lo creía, pensaba que era un pretexto para que se regresara para realizar una pelea chica. Al fin de la conversación su entrenador le convenció de que todo lo que le contaba era verdad. Julio suspendió su luna de miel y tomó un autobús hacia Culiacán.

Faltando un mes para la pelea se fue a México e hizo unas dos semanas de entrenamiento, hospedándose en el hotel Virreyes. De ahí volaron a la ciudad de Los Ángeles, mi hermano y su entrenador, ya que Don King sólo había enviado dos boletos de avión. Yo por nada del mundo me perdería la oportunidad de ver cristalizado el sueño de todos nosotros, un sueño que como peleador siempre lo tienes en mente, definitivamente estaría a su lado.

Nosotros esperábamos una pelea muy dura, porque conocíamos al Azabache, pero siempre tuvimos confianza.

Faltando tres días para la pelea saqué mis ahorros de emergencia y junté para el transporte terrestre y cuarenta dólares adicionales para imprevistos. Tomé un autobús desde Culiacán a Tijuana y de Tijuana a Los Ángeles. Todo el camino pensaba en la pelea de mi hermano, estaba sumamente feliz y orgulloso de lo lejos que había llegado el Cacho.

Era mi primera vez en Estados Unidos y la verdad me sentí inseguro, estaba en un país totalmente desconocido para mí. Con mi morralito al hombro me subí a un taxi para el hotel Hilton, donde se hospedaba mi hermano; cuando me preguntó el taxista a cuál de los hoteles Hilton, no supe qué decirle. Así que me llevó al que él consideró y yo confiado me bajé. Al llegar a recepción le dije a la persona que atendía que buscaba a mi hermano Julio César Chávez, quien pelearía por el título del mundo; pero nadie lo conocía. Me dieron la información de que la persona que yo buscaba se encontraba hospedada en otro hotel Hilton, y me dio indicaciones para llegar ahí. Al no traer más dinero, tuve que caminar, caminar y caminar; las calles se me hacían interminables y yo no llegaba a ningún lado, me sentía víctima del cansancio y la desesperación, que causó cierto temor en mí ya que pasé por barrios no muy gratos con gente sentada, tomando en las banquetas con aspecto de malvivientes. Pensaba que nadie hablaba español y yo continuaba caminando derecho, como un soldadito de cuerda. Por fin, después de casi cuatro horas de caminar llegué al ansiado hotel.

Al llegar al cuarto del Cacho y El Zurdo, los salude muy efusivamente, les conté mi gran aventura y no paraban de reír.

Al día siguiente me llamó la atención ver en el lobby del hotel camisetas del Azabache como campeón victorioso sobre mi hermano; incluso contaban con un salón reservado para celebrar la supuesta victoria del Azabache sobre mi hermano.

Julio César Chávez ya estaba predestinado para ser una leyenda dentro y fuera del boxeo, y sin hacer esperar a su destino colocó sus manos con los guantes puestos sobre los hombros del Zurdo y lo empujó suavemente para dirigirse caminando con pequeños saltos hacia el ring.

Las presentaciones sobre el cuadrilátero las hizo Jimmy Lennon junior, quien años más tarde lo anunciaría con el mote de: "El gran campeón mexicano", y se convertiría en el anunciador favorito de Julio.

En tanto, desde su esquina, mi hermano daba pequeños saltos, moviendo la cintura hacia ambos lados, sacudiendo los brazos para luego lanzar seis golpes en forma de sombra (hablando en términos boxísticos es cuando el boxeador hace alusión físicamente a un combate, como si fuera una kata para un karateca), moviendo la cabeza de lado a lado como para terminar de calentar, pero sobre todo sacar esa tensión y adrenalina acumulada. Al escuchar su nombre por parte del anunciador, se besó su guante derecho y lo levantó al cielo como símbolo de victoria. Inmediatamente se hicieron escuchar algunos aplausos y luego una campana.

Julio contaba con tan sólo 22 años y un récord impresionante: invicto con 41 peleas ganadas y 37 nocauts. Clasificado como número dos del mundo en peso superpluma (59 kilogramos o 130 libras), por el Consejo Mundial de Boxeo. A pesar de ello, se mantenía como favorito el Azabache Martínez, con 19 años y muy buen récord de 28 ganadas, una perdida, un empate y 26 nocauts. Se le veía un poco más relajado que a mi hermano, pero sus movimientos eran muy similares a los de Julio. Cuando lo anunciaron por el micrófono levantó ambos brazos al cielo como proclamándose campeón.

Los peleadores se encontraban frente a frente, el réferi, en medio de ambos, les indicó parte del reglamento en presencia de sus entrenadores, para luego tomarse la clásica fotografía; ambos se portaron muy respetuosos chocando los guantes y retirándose a sus esquinas para dar inicio al combate.

Yo me encontraba con los nervios de punta, muy ansioso, a pesar de estar seguro de la preparación del Cacho. Me froté las manos y las llevé a mi cara, pasándolas por todo mi rostro. Al abrir los ojos vi a mi hermano y al Azabache persignándose, y en cuanto sonó la campana se acercaron apresuradamente, y sin que lo exijiera el reglamento o el protocolo, de manera fraternal volvieron a saludarse, chocando los guantes con la mano izquierda para dar inicio al combate.

Exibían buena clase y estilo en la forma de desplazarse sobre el ring. Fue el Azabache el primero en lanzar un jab, Julio de manera natural lo esquivó; de inmediato Julio empezó a mover la cintura de lado a lado, para ser un blanco más difícil de acertar y empezar a presionar ligeramente, cerró las salidas de su rival y le lanzó un potente jab hacia la boca del estómago, pero Martínez lo desvió con su mano derecha. Julio continuaba haciendo gala de su movimiento de cintura para esquivar golpes. Faltando casi un minuto para terminar el primer round, Julio empezó a soltar sus golpes con malas intenciones y Martínez le contestó de igual manera llevándose a Julio a las sogas, produciendo en ambos una violenta lluvia de golpes hasta que los separó la campana del primer asalto. Al llegar a la esquina Julio estaba con una respiración tranquila y seguro de sí.

Empezando el segundo round volvieron a chocar los guantes fraternalmente y se enfrascaron en una agresiva contienda, los aficionados que se dieron cita en el recinto enloquecieron de placer por el espectáculo que presenciaban, Julio empezó a golpear bastante al cuerpo del Azabache, pero éste no se dejaba faltar al respeto ni dejaba de notar quién era el favorito, pero el hambre de Julio era voraz, estaba dispuesto a dejar su vida en el ring antes de abandonar su meta de traer consigo el cinturón dorado.

Así transcurrieron los siguientes rounds con una constante: la presión de Julio y la lucha continua del Azabache con el rostro bañado en sangre, acompañados de gritos y aplausos de emoción; el público se ponía de pie otorgándoles un muy merecido reconocimiento. Cada vez eran más los aficionados que se inclinaban hacia Julio y éste se crecía con los embates de ambos y la algarabía que no cesaba ni un solo instante desde el primer campanillazo.

Fue al finalizar el octavo round cuando el réferi detuvo la carnicería que aconteció sobre el ring. Julio alzó sus brazos y de inmediato muchas personas subieron al encordado, había más de las que éramos inicialmente. Cuando yo me subí a felicitar a mi hermano, lo abracé y le empecé a frotar la cara con hielo para evitar una posible inflamación. En eso uno de los representantes del Azabache, Ricardo Maldonado, pasó por un lado mío y me empujó. Inmediatamente le aventé el hielo con coraje en su espalda, pero no pasó a mayores.

Al bajar del ring, rumbo al camerino, era una locura... todos lo felicitaban. Y al llegar al hotel seguíamos con la adrenalina de la emoción, festejando de manera muy sana. Teníamos sobre una mesita sándwiches y refrescos, nada de licor. Mientras continuaban los abrazos y felicitaciones, Julio se me acercó, me tomó del brazo y viéndome a los ojos, me dijo:

—Carnal, si me va bien, quiero que siempre andes tú conmigo para que me ayudes en todo.

—¡Claro que sí carnal, yo estoy puesto! —le respondí muy contento.

Se encontraba la gente que se requería en ese momento cerca de mi hermano: Fernando Murillo, Zurdo Félix, Bracamontes (mánager de Tijuana), Mao Rivera (exboxeador de Culiacán) y yo.

Al siguiente día nos regresamos de Los Ángeles a Tijuana, en autobús de línea, veníamos muy alegres. Llegamos a Tijuana y tomamos el avión para llegar gloriosos a nuestro querido Culiacán, Sinaloa.

En el aeropuerto de Culiacán tuvimos un recibimiento muy bonito, con porras por doquier y buenas vibras. Julio con su risa de oreja a oreja era recíproco con los abrazos. Como estrella de cine, lo subieron a un convertible y al llegar a la casa estaba muchísima gente con mi mamá, quien de inmediato se abalanzó sobre su "Cachito" en compañía de mi papá. Julio con eso se sentía el rey del mundo.

No hubo banquete como en años posteriores. La plática principal era cómo le había ganado al Azabache, qué pensaba, cómo lo sentía, etcétera. La gente le recordaba a Julio sobre lo que decían los comentaristas en la tele y cómo se inclinaban poco a poco a su favor.

Los días siguientes transitaban más automóviles de lo habitual por la casa de mi mamá; pero a muchas de esas personas no las conocíamos, buscaban al nuevo campeón mundial y si estaba presente aprovechaban para tomarse una foto o pedirle un autógrafo. Eso a nosotros nos causaba un poco de gracia porque Julio seguía siendo el mismo de siempre, el mismo chiquillo inquieto y travieso... seguía siendo el Cacho.

Con los treinta mil dólares que había ganado en la pelea de campeonato, Julio empezó hacer unos gastos "necesarios" para comprar muebles en la casa de mi mamá, y como no contaba con un automóvil, se decidió a comprar un Ford usado modelo Galaxy 1967, convertible. A Julio se le veía seguido paseando por Culiacán, orgulloso y feliz con su nueva vida.

Después de un par de semanas de disfrutar un merecido descanso, Julio volvió a sus entrenamientos para pelear en México, en el entonces Distrito Federal, donde ya con cierta fama en el gremio boxístico se enfrentó a Manuel Hernández, quien no pudo domar a la fiera y lo mandaron a dormir en el tercer round.

Lanzan al ruedo a Julio César Chávez

Tres meses más tarde, el día 19 de abril de 1985, ya tenía cita en el Fórum de Inglewood, California, para defender su recién campeonato mundial, hacer su primera defensa, la pelea fue contra un rival muy duro y de basta experiencia: Rubén Castillo, con un récord de 64 ganadas y sólo cuatro perdidas, con 38 nocauts. Por si fuera poco, Rubén Castillo era un boxeador que ya había peleado con verdaderos guerreros, como Juan Laporte, Alexis Argüello y Salvador Sánchez, entre otros grandes del boxeo.

Para esta pelea Don King nos ofreció de manera "gratuita" a un cutman: Chuck Bodak, el encargado para el rostro del peleador (cortadas, inflamaciones, colocar la vaselina en el rostro, etcétera).

Antes de empezar la pelea yo sentía un poco de nervios, incluso más que cuando subía a pelear, pero Julio me daba tranquilidad debido a la entrega en sus entrenamientos, la experiencia que sumaba por cada pelea y sobre todo por la seguridad que derrochaba.

Estábamos arriba del encordado: Julio vestía un short blanco con su apellido de Chávez a la altura de la cintura, las iniciales de JC a la altura de su muslo derecho y sin un solo patrocinador.

Jimmy Lennon junior hizo las presentaciones correspondientes; pero curiosamente al primero que presentaron, como a una estrella de cine, fue al excéntrico Don King, quien vestía elegantemente con un smoking negro y unos lentes grandes de contacto que estaban muy de moda por aquella época. Don King, con su pelo levantado hacia arriba como si hubiera utilizado una aspiradora en vez de la secadora, levantaba sus brazos y saludaba al público sonriendo. Cuando presentaron al retador, Rubén Castillo, se veía que tenía bastantes seguidores por la forma en cómo le aplaudían, pero mi hermano no se quedaba atrás, al presentarlo fue muy bien recibido por los fanáticos del boxeo.

Al dar inicio el combate, como era costumbre de mi hermano, empezó estudiando a su rival sin lanzar muchos golpes, pero haciendo presión desde un inicio y esquivando la mayor parte de los golpes, contraatacando cuando era necesario.

Castillo hacia de igual manera su plan de estudio, pero lanzaba cañonazos con muy malas intenciones, que en ocasiones lograban acertar al rostro de Julio de manera violenta, pero Julio asimilaba muy bien los golpes y de inmediato contestaba de igual manera e insistía en seguir presionando a su rival.

Ya para el tercer round, la afición estaba metida de lleno en una pelea muy emocionante, donde los dos intercambiaban golpes sin dar tregua; la pelea se veía muy pareja. Al terminar el round la gente se paró y aplaudió.

Conforme pasaban los rounds, el ataque de Julio se volvió más incesante, su constante golpeo al cuerpo con remates al rostro hizo ver quién era el campeón.

Para el sexto round seguían bajo el mismo contexto, cara a cara, cuerpo a cuerpo, con golpes muy fuertes, hasta que Julio hizo desvanecer a su rival; Castillo no se pudo incorporar al combate, el réferi declaró una víctima más por la vía del nocaut a la lista de mi hermano. De inmediato subimos los que conformábamos el equipo de Julio César Chávez y le tomé el guante izquierdo para levantárselo en señal de victoria mientras veía cómo Castillo seguía tirado en la lona, quien era abrazado y consolado por su entrenador.

Don King felicitó al campeón y le levantó la mano por bastante tiempo mientras don José Sulaimán (entonces presidente del Consejo Mundial de Boxeo) le colocaba el cinturón dorado y hablaba al oído de Julio mientras él le respondía: "Gracias, muchas gracias."

Después de la pelea de Castillo volvimos a festejar de manera muy tranquila en una cena informal en el hotel. Durante la cena se acercó un fanático del boxeo, Enrique Sánchez alías el Cara de Papa, él quería conocer a Julio y nos invitó la cena. Fue la primera vez de muchísimas en el extranjero que alguien pagaba la cena del campeón.

Julio estaba ansioso por llegar a su tierra, extrañaba mucho a su querido Culiacán. Al llegar al aeropuerto lo esperaba cada vez más gente con muestras de afecto. Los abrazos, felicitaciones, autógrafos y fotos empezaban a formar parte de la vida de Julio César.

Poco a poco ganaba más adeptos; incluso el gobernador de Sinaloa, Antonio Toledo Corro, recibió a Julio en el palacio de Gobierno en compañía de la prensa y de los colaboradores más cercanos. Mi hermano empezaba a ser visto como una figura pública.

Roger Mayweather era el próximo rival que buscaba arrebatar el cinturón de Julio. Un peleador muy difícil, con gran alcance y pegada respetable. En especial yo temía a su mano derecha. Le llamaban La Mamba Negra, "el verdugo de los mexicanos", debido a que ningún mexicano lo había podido vencer.

Para esta pelea, Don King nos hizo llegar cuatro boletos de avión, incluyendo el de mi hermano. Julio invitó a mi papá para que conociera Estados Unidos, pero ese boleto de avión corrió por cuenta de Julio.

Recuerdo con nostalgia y ternura esos momentos felices de mi padre: cuando subió por primera vez en avión, y no se diga cuando llegamos a Las Vegas, Nevada. Con todo el espectáculo que esa ciudad representa, la ciudad del pecado que nunca duerme.

Llegamos al hotel Rivera y ahí le explicamos a mi papá cómo era lo de las apuestas con la baraja, dados, reguilete, etcétera. Pero mi papá no mostró mucho interés por aquello, mi papá estaba más que interesa-do... ¡Qué digo! ¡Enamorado, pero de las maquinitas traga monedas! Todo el día jugaba, desde temprano hasta la noche. Julio le daba dinero a mi papá en dosis de cien dólares.

¡Toc! ¡Toc! ¡Toc! ¡Toc! Alguien tocaba la puerta del cuarto de Julio, ahí nos encontrábamos todos los del equipo platicando.

—¿Quién es? —Pregunté.

¡Toc! ¡Toc! ¡Toc! ¡Toc!

—¡Ábranme, soy yo!

—Ja, ja, ja... —a carcajadas me dijo Julio—. Ábrele Rodolfo, es mi papá.

—Seguro que ya lo pelaron las máquinas, es la tercera vez que vie-ne, yo creo que ni ha comido.

En eso abrí la puerta del cuarto:

—¿Qué pasó, que hacen? ¡Ya me fregaron las máquinas los cien dó-lares que me diste!

—Ja, ja, ja... —Julio no paraba de reirse— ¿Cuáles cien? Ya van tres-cientos dólares. A ver, ahí te van otros cien ¿Ya comiste verdad, papá?

—No, no he comido, ni tomado. Pero no importa, estoy bien picado con las maquinitas, ya había ganado y me quitaron todo pero ahorita me toca a mi ganar, van a ver.

—Ja, ja, ja, ja... papá —yo le decía—. Puedes tomar lo que quieras, aquí todo es gratis, bueno te está costando con todo lo que has perdido, pero primero vamos a comer, ya son las seis de la tarde.

Mi papá, a pesar de que le gustaba tomar, los días que estuvo en Las Vegas no tomó, pero todos los días se repetía la misma historia... El Cacho solamente se reía y le daba otros cien dólares.

Durante la conferencia, Julio no hablaba mucho, era muy tranquilo. En cambio Mayweather se la pasó agrediendo a mi hermano, tratando de intimidarlo. Aseguraba que lo iba a noquear porque ya estaba acostumbrado a descalabrar mexicanos y Julio sería otra víctima. Julio simplemente sonreía. No sabía Mayweather que al Cacho ni el diablo lo asustaba.

Al siguiente día, a las cinco de la mañana, fuimos a correr y vimos que venía de entrenar Azumah Nelson, un peleador que ya tenía tiempo como campeón del mundo y que a Julio le gustaba como boxeador. Venía acompañado de su entrenador procedente de España: El Búfalo, del equipo de Don King.

Tanto Azumah Nelson como mi hermano se saludaron con respeto y el Búfalo participó como traductor. Empezamos a platicar todo el equipo y a Julio le agradó el entrenador. El Búfalo nos invitó a que presenciáramos sus entrenamientos con Azumah Nelson. Julio aceptó con gusto y más tarde, al llegar al gimnasio, no perdía detalle del entrenamiento, le llamó la atención el manopleo que desarrollaban y la forma en cómo motivaba durante el entrenamiento.

A mi hermano se le abrió más el panorama sobre la preparación del boxeador, pues era algo distinto a lo que él acostumbraba normalmente.

El día de la pelea, al encontrarnos sobre el cuadrilátero, Jimmy Lennon junior volvió a hacer las presentaciones correspondientes y los aplausos para cada boxeador se encontraban muy parejos.

Al empezar el round, Julio, como era su costumbre, se movió elegantemente en puntas esquivando todos los golpes que Mayweather lanzaba, en especial el recto de izquierda. Y conforme avanzaba el tiempo, Julio se plantaba más sobre el ring, ejerciendo presión al rival, lanzando golpes muy violentos. En el segundo round, Julio saltó en dos piernas para alcanzar el mentón de Mayweather, enviándolo a la lona, pero el réferi Richard Steel no le hizo la cuenta de protección y no la tomó como caída. Entonces mi hermano, lejos de reclamar, se lanzó sobre él atacándole de manera desenfrenada para enviarlo a la lona otra vez, al incorporarse, Julio estaba imparable y se abalanzó de nuevo sobre él, como un felino a su presa, con una agresividad que logró enviarlo a la lona en dos ocasiones más, el réferi detuvo el combate de forma definitiva. Julio festejó sobre el ring y tapó bocas con su resultado.

Después de la pelea con Mayweather, Julio hizo tres peleas más en un lapso de ocho meses, manteniendo su racha de invicto y de noqueador.

En cuanto a nuestro equipo Chávez, Ramón El Zurdo Félix era el mánager y hacía los arreglos con el habilidoso promotor Don King. El Zurdo Félix era un gatito al lado de un león como Don King al momento de negociar, pues obviamente no era un empresario y desconocía los números y las negociaciones que se hacían con la televisión en cuanto a los pagos por evento. Pero Julio siempre le tuvo mucha confianza al Zurdo.

De igual manera a la hora de ver los rivales, no le daban a escoger, le imponían a los peleadores. En nosotros existía cierta inocencia, no pedíamos rivales más tranquilos, a Julio no le importaba a quién le echaran al ruedo: lo que mi hermano quería era pelear con quién le pusieran. Ya quería a los mejores.

En ese tiempo Julio no se concentraba en el dinero, no tenía esa avaricia que se ve hoy día con la inmensa mayoría de los peleadores, él amaba su deporte y se dedicaba a entrenar y a concentrarse en sus peleas. Julio era de una mentalidad muy fuerte y muy triunfadora.

Por aquellas fechas, El Zurdo Félix empezó a tener problemas familiares, fue la razón por la cual se tuvo que mudar a Tijuana. Le pidió a Julio que se mudara para allá, pero mi hermano no estaba dispuesto a dejar de nuevo a su familia, por lo que desistió. A mi hermano lo entrenaba el Borrego, el Wary Beltrán como tomador de tiempo y yo; El Zurdo Félix lo subía al ring para luego cobrar 30 % de la bolsa del campeón. Todos estábamos de acuerdo con ello, sin embargo, existía cierta inconformidad. Fue inminente el distanciamiento y el rompimiento con el equipo por parte del Zurdo Félix.

Un regalo de Dios para Julio César Chávez

Mi hermano continuaba de manera muy profesional en sus entrenamientos, siempre dando el 100%. El 16 de febrero de 1986 llegó una persona al gimnasio avisando que Amalia se encontraba con mi mamá en casa, alistándose para ir a una clínica particular, iba a tener a su primogénito. El nacimiento del Junior se convirtió en una motivación tremenda para Julio.

Cuando nos encontrábamos en la clínica, Julio no entró al quirófano. A pesar de ser una persona con mucho temple que no se ponía nervioso ante ningún adversario, en esta ocasión se le veía intranquilo, apretaba sus manos, su mirada estaba inquieta y por momentos sonreía. Julio estaba por vivir uno de los momentos más hermosos de su vida.

—¡Enfermera, enfermera! ¿Ya nació mi hijo? ¿Como que ya se están tardando mucho, nó?

—No, no se desespere Julio, —respondió la enfermera—. Es normal, todo está muy bien, no debe de tardar, se está haciendo el trabajo de parto, nosotros le avisaremos. Con permiso.

—¡Uttaaa...! Eso me dijeron ahorita y ya pasaron como quince minutos... ¡Pero me avisan! No me vayan a dejar aquí esperando, por favor.

Ahí se encontraba mi mamá, como siempre en los momentos más importantes en la vida de Julio.

De repente se abrió la puerta donde estaba el quirófano y nos mostraron al bebé; un bebé muy bonito, blanco con una boca grande y labios muy marcados de color rojo. Yo sé que los recién nacidos no ven, pero lo que yo presencié ese día no fue eso. El bebé lloraba moviendo su cabecita de lado a lado con los ojitos muy cerrados, pero cuando Julio lo tomó en sus brazos el bebé se arrulló de manera inmediata; el bebé con los ojitos entreabiertos y el nuevo papá con los ojos llorosos de felicidad, hicieron una conexión inmediata. La estrella con la que nació mi hermano es impresionante. Nosotros formando un semicírculo alrededor de Julio, contemplábamos al Junior.

ROUND 10

Julio César Chávez pelea en Europa y crece su fama en América

Los hermanos Accaries, promotores de boxeo, contactaron e invitaron a Julio a pelear en Europa.

En menos de lo que canta un gallo ya nos encontrábamos arriba del avión, con cierto nerviosismo por las horas de vuelo, pero muy emocionados por cruzar el charco y conocer un lugar totalmente desconocido para nosotros.

Después de bastantes horas de estar en el avión, llegamos a la hermosa ciudad de París. Ninguno de nosotros conocíamos el idioma de allá, pero eso no fue impedimento para conocer aquella ciudad. Mi hermano prefería quedarse en el hotel ya que le gustaba enfocarse en su compromiso, que por cierto, no sabíamos nada del contrincante, sólo su nombre: Faustino Mártires Barrios.

El día del evento, no sabemos cómo, pero Julio ya tenía seguidores que le mostraban su afecto con sus buenas vibras. El público era mucho más reservado, más serio, más tranquilo y educado a lo que nosotros estábamos acostumbrados a vivir en los eventos en el continente americano.

Durante la pelea, Julio desbordaba confianza como en casi todos sus combates. En el quinto round llegó el eminente nocaut. Todos los presentes reconocieron la calidad de Julio César Chávez como peleador.

Llegando de París al Aeropuerto de Culiacán, ya lo esperaba la prensa y se congregaba cada vez más gente. La familia crecía; pero no por los que nacían, más bien ¡por todos los familiares que salían por doquier!

En casa de Julio ya estaba lista una pequeña fiesta de bienvenida: camarón, carne asada, refrescos y cerveza, sin excederse ni amanecerse como sería años más adelante.

Al siguiente día mi papá continuaba festejando pero no en casa, sino en una cantina que se llamaba el 7 mares. Él también tenía cada vez más amigos, como era de esperarse. Ya pasado de copas, de repente se subía a la barra de la cantina donde se servían los tragos y gritaba a los cuatro vientos: "¡Yo soy el papá del campeón del mundo hijos de la chingada! ¡Y puedo hacer otro!" La reacción de la gente era favorable para mi papá, todos lo festejaban con carcajadas y aplaudiéndole, mi papá era todo un personaje.

Por mi parte, les puedo decir que mi situación económica mejoraba, Julio me ayudaba mucho, era muy buen patrón. Mientras, él disfrutaba de todas las bondades que le daba la vida: una familia saludable, muchos amigos, felicidad en compañía de su esposa Amalia y su hijo al que disfrutaba al máximo.

La siguiente defensa de su campeonato mundial superpluma se llevaría a cabo en el Madison Square Garden, de la ciudad de Nueva York. Era una cartelera muy atractiva donde Julio pelearía en la semiestelar; la pelea principal de la noche era Héctor Macho Camacho contra Edwin Rosario (yo creo que Julio no pensaba que años más adelante les pondría una madriza a los dos). Previo a la pelea de Julio boxearía el agresivo Mike Tyson, quien todavía no se consagraba como campeón del mundo... ¡Vaya cartelera!

Les comento que pelear en el Madison Square Garden es un honor como peleador. Muchos pelean en Las Vegas pero no cualquiera goza del privilegio de pelear en el Madison Square Garden. Julio se encontraba muy motivado.

Nueva York nos sonreía y nosotros a él, teníamos mucho por conocer y visitar. Julio nos acompañó el primer día para conocer la ciudad y hacer compras básicas. Ahí todavía hacía sus compras de manera habitual. Por mi parte comparé precios de distintas tiendas y encontré buenas ofertas con los mismos productos a unas cuantas calles de la famosa Quinta Avenida.

El día del evento en el majestuoso escenario del Madison Square Garden, Julio se entregó a su público haciendo gala de su clase como boxeador, imponiéndose por la vía del nocaut en el séptimo episodio sobre Refugio Rojas.

Al terminar la pelea El Zurdo Félix me dio alrededor de 2, 500 dólares, del 30 % que percibía de la bolsa de Julio.

En 1987 volvieron a solicitar a mi hermano en Europa. Pero esta vez en Montecarlo, en el estadio Louis II.

Nos encontrábamos en el puerto, a la orilla del mar; nos comentaban que había mucha gente de dinero, se veía por el tipo de viviendas, la vestimenta de las personas que caminaban por aquel lugar y las calles impecables.

Juan Antonio López, sparring de Julio César Chávez, y yo decidimos contemplar la playa caminando... ¡Vaya sorpresa que nos llevamos cuando al ir caminando nos encontramos con una mujer completamente desnuda! Juan Antonio y yo nos volteamos a ver con cierta picardía, al girar mi cabeza vi a otras cinco mujeres y dos hombres en las mismas condiciones, completamente desnudos. Creo que nos encontrábamos en una playa nudista. Pero al llegar al hotel y pasar por la alberca, se repetía la historia de la playa: mujeres desnudas, desde adolescentes hasta señoras de edad avanzada. Nosotros las veíamos de manera discreta... según nosotros.

Cuando nos dirigíamos al cuarto de Julio para contarle de lo sucedido, un mensajero de la familia Real nos hizo llegar una invitación para que mi hermano acudiera al palacio, pues querían conocer al gran campeón mexicano; mi hermano nos pidió que lo acompañáramos, pero no fuimos.

Por fin llegó al imponente palacio de piedra que se encontraba resguardado con bastante seguridad en medio de los árboles. Ahí esperaban a Julio César Chávez para ser presentado a las princesas Carolina y Estefanía. Mi hermano se encontró de pronto entre lujos y elegancia, compartiendo alimentos con grandes personalidades, rompiendo algunas reglas de etiqueta y atendido como un rey.

Julio no era muy expresivo, era muy reservado en especial con sus sentimientos. Lo digo porque no se le veía impresionado ni emocionado, sin embargo, sé que lo disfrutaba.

La pelea se desarrolló en el estadio Luis II de Montecarlo, en un coliseo romano muy bonito, contra un peleador muy duro: Rocky Lockridge, quien ya había sido campeón mundial al derrotar en el primer round a Roger Mayweather.

Julio, ya con los guantes puestos, me pidió que lo vistiera con la bata que orgullosamente se mandó grabar en nuestro México. Les hago saber que en todas las peleas, sin excepción alguna, desde su conquista del título del mundo, siempre fui yo quien le colocaba y quitaba la bata, durante toda su carrera a partir de que conquistó su primer título.

Al subir al ring, el anunciador presentó primero a la familia Real, quienes se encontraban sentados en el palco principal. El público en general parecía que acudía a un baile de gala, todos muy elegantes con sus vestimentas.

La pelea se fue a decisión, Julio César se llevó de manera clara la victoria, sin embargo, mi hermano mencionó que hasta ese momento esa pelea era la más dura de su carrera. Cuando subieron todos los medios de comunicación y entrevistaron a Julio, en compañía de Don King, dijo:

—Sí podía haberlo noqueado, pero sinceramente no me preparé bien para esta pelea porque me decían que sí peleaba, que no peleaba... Quiero subir de división, mi meta es ser campeón ligero, sé que voy a subir más fuerte y más rápido, sinceramente ya me cuesta trabajo dar el peso. Para esta pelea hice un esfuerzo sobrehumano porque me preparé nada más 22 días. Nunca me lesionó pero ahora sí me lastimé la mano.

Don King seguía con su campeón mexicano sin que éste le presentara la derrota, aumentando las bolsas económicas para mi hermano pero sin todavía superar los cien mil dólares.

Para el 12 de diciembre de 1986, lo solicitaron de nueva cuenta en el Madison Square Garden de la ciudad de Nueva York, en lo que sería su quinta pelea en ese mismo año, defendiendo su título de campeón del mundo del prestigiado Consejo Mundial de Boxeo, la cadena de televisión que transmitió el evento fue HBO.

Donde Julio sufrió más para bajar de peso fue durante la preparación para esa pelea. La última libra que tenía que bajar parecía una misión imposible, por tal motivo yo le decía que así lo dejara, porque estaba muy sacrificado y ya no veíamos por dónde podríamos bajar su peso, pero mi hermano, muy profesional, me decía de manera muy sufrida: "Carnal, puta madre, voy a perder mi campeonato en la báscula. Yo veré que hago, pero voy a dar el peso."

En el baño tuvimos que abrir las llaves del agua caliente hasta que hirviera, con la puerta cerrada, hasta hacer bastante vapor. Metimos a Julio por un lapso de unos ocho rounds y cada minuto de descanso salía a tomar aire.

En el baño tuvimos que rociar el piso con alcohol y lanzar un cerillo para prender fuego y así mantener esa área caliente, para que Julio pudiera moverse lanzando golpes al aire y dando pequeños saltos para que sudara más y así deshidratarlo para que diera el peso pactado. Me preocupaba mucho, porque ya no podía caminar bien por la debilidad ocasionada por la falta de alimento, líquido y exceso de ejercicio. Lo peor es que en aquellos tiempos el pesaje era el mismo día de la pelea y el boxeador no alcanzaba a recuperarse, como lo hacen hoy día.

Por primera vez subió con un logotipo de un patrocinador y en la chamarra del equipo Chávez aparecía impreso el mote de Mr. Ko; debido a que la mayoría de sus triunfos habían sido por la vía del nocaut.

En la magna función de boxeo había demasiados puertorriqueños, debido a que Juan Laporte, el rival de mi hermano, era oriundo de la isla.

Desde el primer round empezaron las hostilidades entre ambos boxeadores, pero Julio César Chávez hizo gala de sus reflejos para esquivar los golpes y su fina puntería para colocarlos. El encordado se convirtió en un campo de batalla y la decisión se la dejaron a los jueces, quienes declararon ganador a mi hermano.

A los pocos días el exboxeador de Tijuana, Ángel Gutierrez, se hizo acreedor del contrato de mi hermano, negociándolo con el Zurdo Félix. Ángel Gutierrez era una persona que siempre se portó muy bien con todos nosotros. Ya lo conocíamos y estábamos contentos con el trato que recibíamos de él. En cuanto al Zurdo Félix, se rompió de buena manera la sociedad laboral, pues él vivía en Tijuana y nosotros en Culiacán, casi no nos veíamos y se fue enfriando la relación.

De nueva cuenta Europa aclamó a nuestro campeón mexicano: a través de los hermanos Accaries, Julio fue propuesto para boxear ante la gente de Nimes, Francia, contra el brasileño Francisco Tomas da Cruz, quien venía de ganarle a Rubén Castillo unas peleas atrás. Su récord de 27 victorias con tan sólo una derrota lo convertían en otro rival de peligro para mi hermano.

Para esta pelea hubo un cambio en el equipo Chávez. Julio corría en la pista del Tecnológico en Culiacán, cerca de la lomita, y ahí conoció al profesor de educación física José Daniel El Chato Ugalde, quien empezó a correr con mi hermano, bajo una planeación para su primer compromiso. También se integró al equipo el doctor Sergio Sandoval alias el Frank Moro.

Faltando tres semanas para su compromiso, fuimos a prepararnos a la Ciudad de México, con gastos de entrenamiento pagados por Don King. El gimnasio donde entrenábamos se llamaba Nuevo Jordán. Era un gimnasio tradicional, donde muchos mánagers entrenaban a sus pupilos. Cristóbal Rosas, quien era el mánager de Salvador Sánchez, se encontraba trabajando con sus peleadores y nosotros ya lo conocíamos por su buena fama como entrenador. En uno de los entrenamientos de Julio, Cristóbal le colocó el vendaje en la mano para empezar a entrenar y a Julio le gustó, además le caía muy bien e hicieron buena química, por eso lo invitó a Europa a su siguiente compromiso.

En la esquina del cuadrilátero, por primera vez en la carrera de Julio, estaba con nosotros un nuevo entrenador con bastante experiencia.

El equipo Chávez se uniformó con una vestimenta deportiva totalmente blanca y Julio mandó bordar en la espalda de cada uno "México J.C. Chávez". Mi hermano sin cobrar nada al gobierno mexicano, promocionaba a su querido México en el extranjero con mucho orgullo y dejaba satisfacciones por doquier.

Durante la pelea, Julio César Chávez presionaba de manera constante y arremetía al brasileño con golpes al cuerpo y al rostro. Realmente era desgastante pelear con mi hermano. Para el segundo round se escuchó en coro: "¡México, México, México...!" Sin duda eso motivó a Julio y ejerció una mayor presión, aun cuando su rival lanzaba golpes de peligro. Para el tercer round Julio acribilló a su rival de manera despiadada y sin que éste respondiera. El réferi decidió detener el combate adjudicándose Julio otra victoria más por nocaut.

Inmediatamente se llenó el ring de color blanco con el grupo cada vez más creciente del equipo Chávez y empezaron las felicitaciones y porras: "¡Ala bio ala bao ala bim bon va...!" Julio César tomó una bandera mexicana y todavía con un guante puesto la ondeó de un lado a otro, las cámaras fotográficas y de televisión de distintos medios internacionales captaron aquellas imágenes de gloria mexicana.

Cuando Julio llegó a México, compró un departamento muy amplio, de lujo, en una zona exclusiva de Tijuana, con vista hacia un campo de golf, atrás del hipódromo; vendido por Ángel Gutierrez, quien a su vez contaba con varios departamentos. En una ocasión nos encontrábamos en casa de Ángel alrededor de diez personas; en eso tocaron la puerta porque habíamos pedido algo de comer, Ángel me pidió de favor que tomara dinero del closet de su recámara para pagar... ¡Vaya sorpresa la mía al abrir ese closet! Parecía que estaba abriendo la bóveda de un banco americano: un clóset bastante amplio con costales amontonados repletos de dólares. Yo sólo giré mi cabeza para ver a Ángel y simplemente me sonrió; le entregué una paca de dólares y él me devolvió 1, 200 dólares para que pagara, sabiendo que la orden había sido de 270 dólares, lo demás me lo regaló.

La novena defensa del título mundial de Julio César fue la última que hizo en aquella división, ya que era muy desgastante y peligroso dar ese peso. Julio César estaba muy contento porque la pelea se desarrollaría en la ciudad de Tijuana, Baja California, donde se sentía como en casa.

El hipódromo donde se presentó la pelea estaba a reventar. El anunciador presentó al dominicano Danilo Cabrera y después cometió un error garrafal al momento de presentar a mi hermano como campeón del mundo: "...en la esquina contraria, Rafael El Borreguito Cháaavez!"

Fue insólita la presentación que hizo el anunciador novato. Evidentemente Julio se molestó moviendo la cabeza en señal de desaprobación y seguro pensó: "Pinchi bato pendejo."

Al iniciar el combate, Julio César Chávez se olvidó de su clásico round de estudio y se dedicó a avasallar a su adversario round tras round; los jueces le dieron el triunfo por la vía de los puntos. Al finalizar la contienda Julio se quejó de su mano derecha, pensaba que se la había quebrado.

Al bajar del ring se abalanzaron todos los fanáticos para felicitarlo, entre ellos se acercó una persona joven, bien vestida, con sombrero tipo texano; abrazó a mi hermano, lo felicitó y de manera inesperada le regaló un reloj y una cadena de oro con diamantes, ambos de la marca Rolex. Mi hermano sin conocerlo se alegró y le dio las gracias. Después nos dijeron que era uno de los capos del narcotráfico, que por cierto tenía el nombre de uno de los tres reyes magos.

En ese tiempo una cadena de televisión francesa preparaba un documental sobre "el gran campeón mexicano". Mi hermano Ariel era quien los acompañaba, regresarían de Tijuana a Culiacán ya que Julio César daría una gran fiesta por el bautizo de su primogénito. Como a las 7:30 de la tarde, sonó el teléfono de Julio: "Disculpe campeón, le llamo para informarle que su hermano Ariel tuvo un accidente aéreo y se encuentra en la Cruz Roja de Culiacán."

Cuando Julio nos avisó de aquel fatal accidente, sentimos que se nos venía el mundo encima, pensamos lo peor... Al llegar a la Cruz Roja, Ariel estaba de pie con heridas superficiales.

Al avión se le había acabado la gasolina y empezaron a planear. Aterrizaron a un costado de la vía del tren sobre pequeños árboles y matorrales que sirvieron para amortiguar la caída.

La fiesta de bautizo se convirtió en doble festejo por tener a nuestro hermano Ariel con vida.

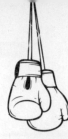

Julio César Chávez busca ser campeón en una segunda división

Sabíamos que sería una pelea muy dura, la más dura de su carrera hasta esa fecha, por lo que teníamos que seguir entrenando a conciencia.

Durante la promoción de la pelea Chávez contra Rosario, fue donde más agresión hubo, en toda la carrera de Julio, hacia nuestro equipo. Sus fanáticos eran muchísimos más que los seguidores que tenía mi hermano hasta ese momento y nos echaban bronca constantemente. Durante la conferencia de prensa en el hotel Hilton, El Chapo Rosario se expresaba de manera despectiva y minimizaba las facultades de mi hermano. Por su parte, Julio César mantenía la calma sin hablar mucho y en ocasiones sonreía ante las palabras necias de Rosario.

En lo que a mí respecta, sí me molestaba, incluso más que a Julio, pues... ¿Quién de nosotros no se molesta cuando atacan a un hermano?

Un día antes de la pelea me encontraba en el lobby del hotel Hilton en compañía de un primo, residente de Los Ángeles, y traíamos vestimenta del equipo Chávez. De repente pasó un grupo como de ocho o diez puertorriqueños y nos empezaron a agredir verbalmente y a empu-

jar, por lo que respondimos de inmediato con golpes y aquello se convirtió en una pelea de perros y gatos. Cuando llegamos al cuarto con Julio
y nos vio con el rostro golpeado, le hirvió la sangre, pero optamos por
cobrar venganza pasando la pelea ya que los teníamos bien identificados.

Por si fuera poco, después tocaron la puerta del cuarto y era un
manager de Don King: Eddie Mafuz.

—Julio, no me preguntes cómo, pero la mamá del Chapo Rosario te
está haciendo brujería.

—Ja, ja, ja, ja, ja... —se reía Julio—. Estás loco tú, buey, yo no creo en
esas cosas.

—La mamá del Edwin Rosario sabe de eso y tiene en su cuarto una
fotografía tuya dentro de una cubeta con hielo para que te engarrotes y
no puedas desarrollar tu boxeo. Pero yo sé el remedio, me dicen que te
coloques una cinta roja alrededor de tu cabeza y vas a ahuyentar a los
malos espíritus.

—No, no, no... ¿Cómo crees que me voy a subir con un listón en la
frente? No creo en esas cosas ya te dije, además me da vergüenza.

—¡Póntelo! Vas a ver que se va a asustar —insistió Eddie.

—Cacho, más vale —Yo ya lo empezaba a creer— ¿Qué tal si es cierto? ¡Mejor hazlo! No pierdes nada.

Así es como nació "el listón rojo", después todos los seguidores de
Julio lo usaron durante sus peleas, como un estilo original y un símbolo de Julio César Chávez; años después de su retiro como boxeador, las
nuevas generaciones continúan con esa moda.

Cuando mi hermano subió al cuadrilátero iba vestido muy mexicano, con un zarape blanco y un águila bordada al frente con la leyenda
"Viva México" y al reverso "J.C. Chávez Mr. Ko." Sus tarjetas eran impresionantes: venía de dejar el título mundial del Consejo Mundial de Boxeo
de los pesos súper pluma con defensas exitosas y un asombroso récord
profesional invicto con 54 ganadas y 45 nocauts. José Sulaimán, a pesar de que el CMB no estuviera avalando la pelea, se encontraba al lado

del retador mexicano. Mientras en la esquina contraria, Jimmy Lennon junior hacía la presentación del campeón de la Asociación Mundial de Boxeo: Edwin El Chapo Rosario, quien presentaba 26 ganadas con 22 por nocaut. Los expertos lo consideraban como el boxeador con mayor pegada en la división de los ligeros. La duda que surgía era si Julio aguantaría la pegada de El Chapo en esta división.

A Edwin Rosario lo acompañaba Mike Tyson; el público se recargaba más hacia la esquina del isleño ya que se escuchaba una mayor algarabía, estaba acompañado de porras múltiples por parte del público, que en su mayoría, como apunté, eran puertorriqueños.

Julio César no dejaba de moverse y saltar, se le veía ansioso, con demasiada energía, sus movimientos antes de dar inicio la pelea eran más bruscos a lo que nos tenía acostumbrados.

Richard Steele era quien daba las indicaciones como réferi; cuando a ambos los tomó de las muñecas y dijo: "Toquen sus manos y buena suerte...", Julio se hizo hacia atrás sin hacerle caso; se le veía muy alterado y molesto con El Chapo Rosario. El réferi volvió a llamar a Julio y le dijo que lo tenía que hacer, entonces Julio estrelló sus guantes contra los del Chapo y cada quien se fue a su esquina para dar inicio a la función estelar.

Yo todavía me encontraba arriba del ring, por fuera del encordado, y simplemente toqué su espalda para que sintiera mi apoyo, pero yo sabía que el Cacho estaba a punto de explotar y hacer de esa pelea una guerra.

Al sonar la campana Julio César desde un inicio empezó a presionar y fue el primero en lanzar golpes. El Chapo empezó a moverse en puntas y a trabajar su jab para tratar de mantenerlo a distancia y evitar los embates de Julio; pero con la presión que imponía mi hermano con los golpes de impacto fue imposible que El Chapo se escapara, así que lo arrinconaba contra las cuerdas para soltar sus ráfagas, en especial a las partes blandas, colocando en varias ocasiones fuertes golpes al hígado. Rosario contestaba y conectaba pero fallaba demasiado debido al movimiento de cintura de Julio. Rosario, la mayor parte del tiempo se la pasó arrinconado entre las cuerdas, frente a un tanque que no paraba de disparar un arsenal interminable.

El público se encontraba totalmente metido en la pelea y no parpadeaban porque sabían que en cualquier momento se podría acabar. Eran testigos de la consagración de uno de los boxeadores más grandes que ha dado el mundo.

Conforme pasaban los rounds, aumentaba la sed insaciable de victoria de Julio y el castigo ya era muy notorio en el rostro desfigurado de Edwin El Chapo Rosario. Mi hermano llegaba a la esquina tranquilo sin jalar aire por la boca, con una condición envidiable para cualquier deportista.

Cuando parecía que Rosario daba signos de vida con golpes que llegaban a su destino, Julio le repetía la dosis con creces en su violento ataque, para que así se derrumbaran las ilusiones de aquellos que pensaban que El Chapo podría ganar.

Al terminar el décimo asalto subió el doctor a revisar a Rosario quien tenía el rostro ensangrentado, quería ver si todavía tenía visión en su ojo izquierdo debido a la inflamación del pómulo. El doctor le permitió continuar y al sonar la campana, como si fuera el primer round, Julio César salió decidido a masacrarlo. Fue demasiado el castigo en ese round, en particular al cuerpo. Rosario estaba con su ojo completamente cerrado y con Julio encima; era como un león devorando a su presa. La esquina del puertorriqueño no soportó ver el daño causado por Julio y decidieron lanzar la toalla al ring para que detuvieran el combate. Richard Steele hizo lo correcto y abrazó al Chapo Rosario para consolarlo.

Inmediatamente nos subimos al ring a festejar la victoria del nuevo campeón ligero de la Asociación Mundial de Boxeo. Era una alegría tremenda la que vivíamos todos los que estábamos apoyando a Julio César. Pero yo tenía una espinita clavada contra un grupito de puertorriqueños, montoneros, bravucones. Por lo que junté a un grupo de mexicanos y nos dimos a la tarea de cobrar venganza pero... hoy doy gracias a Dios, por más que los buscamos, no los encontramos por ningún lado.

La fiesta era mucho más grande que las anteriores, pero era tranquila, había mucha gente que ni conocíamos.

Julio César ya gozaba de ciertos privilegios especiales, Don King le daba dinero para sus gastos de entrenamiento, le permitía más invitados con gastos pagados y ya se hospedaba en la suite presidencial del hotel.

El despertar de El César

Aquí es donde puedo decir que la figura de Julio César Chávez dio un salto abismal: después de la pelea con el boricua Edwin El Chapo Rosario.

A partir de ese momento Julio César Chávez dejó de caminar libremente por doquier sin que fuera acosado por fanáticos, prensa, políticos, paparazzi y público en general.

Cuando llegamos al aeropuerto de Culiacán, los ojos de todos los presentes estaban sobre él, definitivamente era el centro de atención, con más amigos y más parientes.

Por parte de mi papá, su expresión, en cuanto a sentimientos se refiere, continuaba muy reservado, pero sé que estaba muy orgulloso esperándonos en su casa, ya que siempre llegábamos a visitarlo después de una pelea. Las fiestas se alargaban más, tenía más invitaciones a comer, reconocimientos, entrevistas... todos querían un pedacito de Julio César.

Al poco tiempo, acudió a pelear a Tijuana, en la Plaza Monumental, ante un lleno total. Nadie quería perderse la oportunidad de ver a su ídolo. El César del boxeo liquidó a su oponente en sólo tres rounds.

A los pocos días conocimos a Miguel Michael Molleda, una persona amante de los deportes de contacto que practicaba *full contact* y era soldado paracaidista. Se encontraba encargado de la seguridad personal de Ángel Gutiérrez.

Michael empezaba a convivir con nosotros casi a diario. Mi familia llegaba a Tijuana y se quedaban por días, a veces hasta meses. Al poco tiempo Michael se convirtió en algo más que un amigo... en mi cuñado. Lo que significaba que en poco tiempo formaría parte del equipo Chávez.

Julio haría su primera defensa en esta nueva división contra el panameño Rodolfo Aguilar, quien presentaba veinte ganadas con un empate. Sería la primera vez que enfrentaría a un zurdo en sus 57 combates profesionales. La televisora HBO hizo un pequeño resumen de lo mejor de 1987, donde mencionó a los mejores peleadores de esos tiempos: Mike Tyson, Sugar Ray Leonard, Marvin Hagler y al mismo Julio César Chávez, a quien le daban todo el crédito como el peleador del año y el mejor libra por libra del mundo. El reconocido analista boxístico Larry Merchant resaltaba las virtudes del "sensacional gran campeón mexicano" como lo anunciaba Jimmy Lennon junior.

La pelea no pasó del sexto round. Sumando así otra victoria más para el popular y querido boxeador mexicano.

En menos de dos meses ya tenía programada su siguiente pelea en Mazatlán, Sinaloa. En una discoteca llamada Frankie O, propiedad de Francisco Arellano Félix. Hermano de los Arellano Félix, del cártel de Tijuana.

Quiero decirles algo respecto a Pancho Arellano, era un empresario de Mazatlán, no tenía negocio con el narcotráfico de manera directa. Lo que quiero decir es que no traficaba con droga, ni tampoco era identificado como un capo de la mafia. Era visto como un hombre de negocios prolífico, incluso recibió reconocimientos de distintas cámaras empresariales por los espectáculos que presentaba en Mazatlán con los cantantes del momento. La gente lo quería mucho por lo que yo me pude dar cuenta, pues le ayudé a armar la función donde pelearía mi hermano. Pancho Arellano me pidió que me quedara dos semanas en una de sus casas de lujo que tenía frente al mar, con todos los servicios y con tres personas que atendían mis necesidades. Recuerdo que Pancho Arellano manejaba un automóvil blindado marca Cougar, de la Ford, con un teléfono integrado (en esos tiempos casi nadie portaba un teléfono en su automóvil). Nunca estaba solo, siempre se le veía acompañado por lo menos con dos escoltas, yo no me chupaba el dedo y sospechaba que quizás estaba lavando dinero o tal vez sus hermanos le proporcionaban tal seguridad para su protección por llevar el apellido Arellano Félix.

Rafael Limón sería el rival de mi hermano, un boxeador que ya había peleado con lo mejor del mundo y que había tenido la oportunidad de pelear en más de cinco ocasiones por títulos mundiales.

La discoteca de Pancho Arellano se encontraba a reventar; parecía una lata de sardinas. Fue mucha la gente que no pudo ingresar a la disco Frankie O por falta de cupo, se quedaron afuera esperando a ver si tenían la oportunidad de ver a Julio cuando saliera de dicha contienda.

Julio sin problemas mandó a dormir a su rival en el séptimo round. La gente enloquecida de alegría festejó otra victoria más de mi hermano.

De nueva cuenta, en menos de dos meses volvió a pelear el Cacho en Inglewood, California, contra Vernon Buchanan, para adjudicarse otro triunfo por nocaut.

A estas alturas de la vida de Julio César Chávez, las circunstancias y la gente que le rodeaba, todo el mundo en sí, dio un giro de 180 grados, en consecuencia, tuvo que cambiar.

Siguió siendo tranquilo, no era prepotente con nadie, para todo lo que la vida le ofrecía a manos llenas, su esencia continuaba siendo sencilla. Claro que con el dinero y el poder que tenía, toda su vida era distinta. El mismo modo de vida lo llevó a modificar ciertos hábitos, mi hermano siempre se encontraba con gente a su alrededor, el equipo Chávez era mucho más grande. Julio acostumbraba a pagar... ¡Todo a todos! Si íbamos a comer a algún lado, Julio pagaba; en repetidas ocasiones entrábamos a tiendas departamentales o tiendas deportivas y se escuchaba: "Órale, tomen lo que necesiten." Julio pagaba. Si Julio compraba un perfume que le había gustado, nos compraba a todos; problemas personales, Julio pagaba. Muchas veces éramos más de quince personas y a veces colados que se beneficiaban de la buena voluntad del campeón. A mi hermano no le importaba, él era una persona espléndida en todos los sentidos.

Vivíamos los tiempos de bonanza y la mayor parte estábamos alejados de nuestra familia por cuestiones de entrenamientos y compromisos de trabajo. Eso era muy duro para mí y me dolía perderme de momentos que jamás podré recuperar, pero tenía que asegurar el patrimonio de mi mujer y mis hijos. Durante las preparaciones, en son de broma, siempre nos daba nuestro domingo, y no se diga lo que nos pagaba en cuanto terminaba de pelear.

Julio César Chávez unifica títulos en la división de los ligeros

Corría 1988 y El Zurdo Félix, exmánager de Julio César Chávez, entrenaba a José Luis Zurdo Ramírez, quien ostentaba el campeonato mundial de los pesos ligeros al igual que Julio, pero en la versión del prestigiado Consejo Mundial de Boxeo.

La pelea se empezó a calentar y El Zurdo Félix, en repetidas ocasiones, comentó que Julio César Chávez nada tenía que hacer contra un peleador de la calidad y experiencia de José Luis Ramírez.

Así las cosas, el excéntrico promotor Don King hizo oficial la contienda entre los dos campeones, para unificar títulos.

José Luis Ramírez era un peleador de guardia zurda, lo que lo hacía más complicado, con más de cien peleas profesionales; además ya había defendido en tres ocasiones su corona de campeón, venciendo por la vía de los puntos al maestro del boxeo Pernell Sweet Pea Whitaker.

Don King ya veía en Julio una minita de oro y no estaba dispuesto a perderlo, por lo que nos hizo la invitación para que efectuáramos la preparación en su rancho privado en la ciudad de Cleveland.

Sabíamos de la importancia de la pelea y aceptamos. No teníamos ninguna distracción, nos encontrábamos totalmente enfocados en la pelea. Todo el entrenamiento se venía dando de la manera deseada, pero en el día menos esperado, al terminar una sesión de sparring... Julio se quejó de uno de sus costados; inmediatamente lo llevamos a que le hicieran una radiografía y el doctor nos indicó que teníamos que suspender la pelea, nos decía que Julio no estaba en condiciones de entrenar y necesitaba reposar, pues una costilla estaba fisurada. Todo el equipo optamos por posponer la pelea, pero el compromiso moral que tenía Julio con la promotora, y principalmente con su público, hizo que le restara importancia a su costilla y decidió continuar con los entrenamientos, aun cuando se quejaba del dolor, impidiéndole mover su cintura. Esa fisura trajo mucha intranquilidad al campamento, pero cuando a mi hermano se le mete algo en la cabeza no hay poder humano que le haga cambiar de opinión.

En uno de los entrenamientos recibimos una grata visita. Nada más y nada menos que aquel que se autonombraba como el más grande: Mohamed Alí. Julio se encontraba boxeando y Alí lo observaba, moviendo su cabeza lentamente de lado a lado como si él estuviera esquivando los golpes arriba del ring, estudiando cada uno de sus movimientos. Al sonar la campana se acercó al encordado a saludar a Julio con movimientos de sombra y haciendo alarde de su rapidez de manos y pies.

—A ver, ven y ponte los guantes conmigo —dijo Julio sonriendo.

—No, porque tú eres el número uno.

—No, tú eres el número uno.

—No, no, no, el número uno eres tú.

—No, tú eres.

A unos cuantos días de ese suceso ya nos encontrábamos en el hotel Hilton de Las Vegas, Nevada, bajo el respaldo de Don King; la pelea se transmitió por HBO. El lugar se encontraba lleno, como ya era una costumbre en las peleas de mi hermano. Julio César, al subir al ring, se encontró con los boxeadores Rubén El Púas Olivares, Mike Tyson y Mohammad Ali. Cuando

Julio se aproximó a Ali le comentó algo y le estrechó la mano, volteó con El Púas y se saludaron, de igual manera con Tyson.

Julio César Chávez diseñó una bata que llevaba elegantes lentejuelas alrededor del cuello y en las extremidades. Ese mismo diseño lo utilizó en todas sus siguientes batas y shorts que presentaba al momento de pelear. Era tan fuerte el arrastre de mi hermano, que impuso ese estilo para la mayoría de los boxeadores mexicanos quienes incluso hoy continúan con esa misma moda.

Al sonar la campana para dar inicio al combate, Julio César realizó su clásico round de estudio, haciendo gala de su movimiento de cintura, esquivando en gran medida casi todos los golpes lanzados por su oponente. Eso nos dio tranquilidad en la esquina hasta cierto punto, ya que a Julio no se le veía incómodo al hacer esos quiebres de cintura pero sabíamos que la lesión continuaba latente.

Para los siguientes rounds, Julio, a diferencia de otros combates, empezó a boxear en puntas de manera muy elegante e inteligente, repitiendo sus golpes rectos de derecha, desplazándose a ambos lados. Nuestro exentrenador, El Zurdo Félix, estaba cayendo en cuenta que su nuevo pupilo, a quien mencionaba que desplazaría a Julio, no peleaba con el Cacho que él conoció. Peleaba contra Julio César Chávez, el nuevo ídolo de México y definitivamente el mejor peleador libra por libra.

En el cuarto episodio, Julio conectó una violenta derecha sobre el rostro de José Luis Ramírez, quien se desequilibró y puso un guante en la lona. El réferi Richard Steele no le dio el conteo de protección y Julio se abalanzó sobre su presa a quien le salvó la campana.

Durante la pelea nos dimos cuenta de que el entrenador Zurdo Félix venía pasado de copas y se veía la desesperación cuando le gritaba a Julio de manera grosera con palabras altisonantes que se parara a intercambiar golpes.

Para el onceavo round, Julio continuaba dominando el combate con un boxeo que los aficionados desconocían; haciendo pasos laterales y moviéndose en puntas, de repente se presentó un cabezazo por parte de ambos de manera accidental; produciendo un sangrado continuo en El Zurdo Ramírez que le impidió seguir peleando. Los jueces se fueron a las tarjetas y dieron como ganador de manera amplia a mi hermano, que se adjudicó un campeonato más y le colocaron ambos cinturones en presencia de Don King, quien de inmediato se abalanzó sobre él para felicitarlo y levantarle la mano.

Durante la entrevista, Julio César habló por vez primera sobre su malestar, confesó que peleó con precaución e inteligencia debido a la costilla fisurada y dijo algo profético: "Quiero que me recuerden como un gran peleador." A mi hermano siempre lo vamos a recordar como tal. Ahora que vuelvo a ver con atención sus peleas desde la comodidad de mi hogar o en casa de Julio, le admiro su capacidad para desarrollar sus peleas; su sexto sentido para saber cuándo atacar y cómo manejar a sus contrincantes; la habilidad para descifrar estilos y la precisión para conectar sus golpes. Con ese ritmo y condición física envidiable para cualquier boxeador... ¡Era un fuera de serie!

Durante la fiesta en la suite del hotel, teníamos comida, vino y cerveza. Éramos alrededor de cincuenta personas. A Julio ya le empezaba a gustar que el festejo se alargara hasta amanecernos, entonces empezaron los problemas: se desaparecían como si fuera obra de magia, cadenas, esclavas de oro, relojes, etcétera.

La fiesta terminó alrededor de las diez de la mañana y Julio se fue a una reunión con Don King para negociar su siguiente pelea a las once de la mañana; así que se presentó sin haber dormido. Don King era muy inteligente al momento de negociar con Julio. Sabía que estaba sin dormir con alcohol en su cuerpo y en esas condiciones firmaba el contrato para el siguiente combate.

Don King nunca le daba a ganar lo justo a mi hermano, que al estar pasado de copas, le salía mocho el inglés; a mí me daba risa escuchar a Julio gritarle a Don King, y él a su vez responderle con su poco español.

En medio de un estira y afloje, mi hermano lograba incrementar un poco más la bolsa. Si Don King ofrecía tres millones, Julio pedía cuatro. Si ofrecía cinco, Julio pedía seis. Don King le tenía bien tomada la medida pero Julio era muy vivo y a los días de la negociación le hablaba para pedirle los gastos de entrenamiento hasta por 200, 000 dólares. Para esa época el estrafalario personaje de cabellera explosiva ya le había dado dos carros clásicos arreglados.

Ángel Gutiérrez continuaba con nosotros pero ya no tenía nada que ver en la carrera del campeón.

El contrato que Julio César había firmado era en una división más alta, lo que significaba que tendría que abandonar su título de las 135 libras para buscar el campeonato en la siguiente división. De lograrlo, se convertiría en el primer mexicano en conseguir tal hazaña. El campeón mundial de las 140 libras (peso superligero) del CMB era Roger La Mamba Negra Mayweather. Así es, pelearía de nueva cuenta contra este peligroso verdugo de mexicanos (como le denominaban), ya que ningún mexicano había podido vencerlo, excepto mi hermano.

Dicho contrato se había firmado el 30 de octubre de 1988 y la siguiente defensa sería seis meses más tarde, por lo que el inquieto de Julio no quiso descansar demasiado y se programó peleas de exhibición donde cobró bastante dinero por ser en territorio mexicano.

Recuerdo que compró una casa rodante, totalmente equipada que constaba de una recámara principal, dos literas, cocina, aire acondicionado y televisión. Viajábamos como doce personas, a Julio no le gustaba andar solo y todos queríamos estar con él. La primera parada de trabajo fue en Navojoa, después en Obregón, luego Hermosillo y así recorrimos otras ciudades más.

Aun cuando era un combate de exhibición, la gente abarrotaba el lugar. Los promotores recuperaban de inmediato su inversión. Los contrincantes que tendrían la fortuna, como ellos decían, de hacer una sesión de boxeo con el campeón, por lo general, salían a pelear muy agresivos. Me imagino que era por la misma adrenalina y presión de exhibirse frente a su gente, ya que casi siempre seleccionaban al ídolo local. En el caso de Navojoa, el combate fue contra El Yory Boy Campas, quien años más tarde conquistó el título mundial welter. Por lo general, querían medirse ellos mismos a ver si lograban meterle las manos al Cacho. Julio de inmediato les ponía un estate quieto e imponía su condición de campeón del mundo.

Como se podían dar cuenta, Julio César Chávez González era grande, producto de su trabajo, dedicación y disciplina. Era un atleta en toda la extensión de la palabra que no se daba la oportunidad de tomar un buen descanso y acostarse sobre sus laureles.

Julio César Chávez busca ser campeón en una tercera división

Después de llevar a cabo las peleas de exhibición, Julio decidió hacer su concentración en Los Ángeles, California, para el compromiso que tenía en puerta el 5 de mayo de 1989 contra Roger La Mamba Negra Mayweather.

En Los Ángeles, las personas nos ubicaban muy bien. Al observar a mi hermano en su andar, era impresionante la manera en que la ciudad se paralizaba. Los automóviles reducían la velocidad y muchos de ellos se detenían; las personas que deambulaban por las calles lo veían sonriendo y le dirigían palabras de admiración y respeto, fotografías, autógrafos... era realmente increíble.

Cuando íbamos al gimnasio Azteca Gym, siempre estaba a reventar de espectadores, aun cuando el dueño del gimnasio cobraba la entrada para quienes querían verlo entrenar. Todos querían fotografías con Julio.

Por otro lado, sabíamos que Mayweather había crecido técnicamente y en fama. Por ello el Fórum se encontraba a reventar, a pesar de que el lugar era inmenso. Además, había bastantes celebridades que querían ver el encuentro.

Julio de nueva cuenta subió al ring muy mexicano: con un sarape rojo y bordado en lentejuelas el sol azteca; su nombre plasmado encima del sol y su cintilla roja alrededor de su frente que no podía faltar. En los shorts blancos subió con un patrocinio.

Entre las miles de miradas que tenía mi hermano encima, había una muy particular, que llamó mucho su atención y le hizo recordar la taquillera película de *Rocky*, así es... se trataba de Silvester Stallone; quien de inmediato saludó a Julio desde lejos y mi hermano le correspondió asintiendo la cabeza con una sonrisa.

Cómo son las cosas... tiempo atrás, Julio acudía a un cine para disfrutar desde su butaca a Silvester Stallone y ahora Silvester Stallone acudía al Fórum para disfrutar desde su butaca a Julio César Chávez.

Creo que ambos sentían admiración uno del otro. Por nuestra parte te puedo decir que en muchas ocaciones entrenábamos con la canción oficial de la película de Rocky: "Eye of the Tiger."

En esta ocasión, por ser Julio César Chávez el retador, Jimmy Lennon junior lo presentó primero. Sus cartas eran realmente impresionantes: venía de conquistar la división mundial de los pesos superplumas, de los ligeros y ahora se encontraba como retador oficial al título del CMB de los superligeros, con un récord de sesenta ganadas, manteniéndose invicto en el terreno profesional y ciuncuenta ganadas por la vía del nocaut. Al mencionar por el micrófono su procedencia y nombre, el auditorio tembló cuando el público gritó y aplaudió. En cambio, al anunciar al campeón superligero del CMB, la gran mayoría del público empezó a abuchearlo y más cuando mencionaron su nombre con el mote de "asesino de mexicanos". Imagínense cómo estaba el público! Todavía no empezaba la pelea y Julio ya tenía a la mayoría del Fórum bebiendo de su mano.

Sonó la campana y el réferi Henry Elespuru dio la indicación de iniciar el combate. Julio de inmediato empezó a presionar, mientras

Mayweather optó por subirse a la bicicleta dentro del cuadrilátero, lanzando golpes, en especial su jab para que mi hermano no se le acercara. Julio movía la cintura y evitaba los ataques de La Mamba Negra.

En el segundo round Julio conectó un buen golpe, logrando que Mayweather perdiera su balance. Julio se soltó con ráfagas para comérselo vivo, pero sonó la campana.

Durante los siguientes rounds, Julio continuó presionando, cerrando salidas y desarrollando un boxeo agresivo e inteligente; ambos contendientes ofrecieron a todos los espectadores una gran pelea.

En el round número siete; faltando cinco segundos para que finalizara, Julio tenía a Mayweather entre las cuerdas en su esquina, lanzaban golpes entre los dos y al sonar la campana ninguno de los dos se detuvo y el réferi intercedió tres segundos más tarde, abrazando a Mayweather; en eso el entrenador de La Mamba Negra se abalanzó sobre Julio para alejarlo de dicha esquina. Yo me enfurecí y me metí al cuadrilátero, reclamándole con insultos y no fui el único, la mayoría de los presentes que se daba cita en el Fórum se pusieron muy agresivos, abucheando con insultos y rechiflas la actitud de la esquina de Mayweather, les lanzaron líquidos, hielos y cuanto tenían que tirarles para descargar su furia.

Para el décimo asalto; el *lederman* de HBO, que es el encargado de dar a conocer a los televidentes las puntuaciones entre cada round de manera extraoficial, mostraba un empate, de 85 a 85.

Julio César, sin bajar su incesante tren de ataque, logró que al dar inicio el siguiente round, Roger La Mamba Negra Mayweather no quisiera continuar peleando. El réferi suspendió el combate y Julio avanzó desde su esquina hacia el centro del cuadrilátero, reclamando a su adversario a que se incorporara, que no tuviera miedo. Julio lanzó su mano derecha al cielo y el público festejó con porras y aplausos. Subieron en hombros a El César del boxeo y éste se golpeaba con el guante en la concha de protección en repetidas ocasiones e hizo señas con sus dos guantes de que a Mayweather le faltaron muchos... ¡Huevos!

Al entrevistarlos, se dieron un abrazo como buenos deportistas y Julio hizo mención de que se sintió al 50% de su capacidad, y desde su preparación hasta finalizar la pelea estaba totalmente desconcentrado porque tuvo muchísimos problemas. Larry Merchant le preguntó por segunda ocasión cuáles eran esos problemas, Julio evadió la pregunta y contestó que pensar y pensar... pero nunca dijo qué lo tenía tan preocupado.

Lo que realmente tenía a Julio pensando, era que al iniciar la preparación le interpusieron una demanda por parte de unos promotores, por un supuesto incumplimiento de contrato. La demanda era por la cantidad aproximada de novecientos mil dólares ¿Cómo no iba a estar con su mente fuera de órbita el pobre Cacho?

Julio César Chávez forja su leyenda con letras de oro

A pesar de haber tenido una pelea desgastante, al poco tiempo Julio se presentó en Atlantic City para pelear contra Kenny Vice, a quien lo dejó fuera de combate en el tercer episodio.

Después de mes y medio, regresó a México para hacer dos peleas en el mismo mes: una en Tijuana y otra en Mazatlán, donde ya era considerado como un rey.

Al terminar su pelea en Mazatlán, a menos de un mes, ya se encontraba en el Caesars Palace de Las Vegas, Nevada, para pelear contra el puertorriqueño Sammy Fuentes.

Fue un rival digno, venía muy bien preparado, al igual que la mayoría de los contendientes que fracasaban en el intento de lograr la victoria sobre aquel que parecía ser el hijo de Zeus.

Llegó un momento en que Julio hacía ver muy fácil sus victorias. En esos tiempos era de lo más común ver ganar a Julio, aun con peleadores fuertes; la gente me decía que estaban seguros del triunfo de mi hermano, pero lo que se apostaba era en qué round ganaría.

A menos de un mes, nuevamente volvió a defender su campeonato en la Ciudad de México, en el Palacio de Los Deportes, contra el argentino Alberto de las Mercedes Cortés, un experimentado boxeador que presentaba 44 peleas y continuaba invicto en el terreno profesional.

En esta pelea se presentó Justo Ceja, secretario particular del expresidente de la República Mexicana: Carlos Salinas de Gortari (que ya tenía una buena amistad con Julio). También se encontraban artistas de todo tipo, entre ellos destacaban: Amanda Miguel, Diego Verdaguer, Edith González, Alberto Vázquez, César Bono y Yolanda Andrade, quien no se perdía ni una pelea de su paisano, y muchos más.

En esas fechas, Julio César recibió varias ofertas. Empezaba a hacer muchos comerciales de todo tipo de productos: relojes, cursos de inglés, envío de dinero, ropa deportiva, automóviles, aereolíneas comerciales, en fin... gran parte de lo que se anunciaba en televisión tenía que ver con mi hermano.

Recuerdo que en una ocasión, Julio me comentó que ya lo tenía enfadado una persona que se le aparecía en todos lados para que realizara un comercial de la reconocida marca de motocicletas Harley Davison; y aunque le ofrecían una buena suma de dinero y una moto, Julio no mostraba interés alguno:

—Oye carnal, aviéntate, haz ese comercial y me regalas la moto Harley y tú te quedas con el dinero.

—Ándale pues, te voy hacer el paro porque yo sé que te gustan mucho las motos.

Para entonces ya me visualizaba arriba de la Harley, me encontraba emocionado y ansioso porque llegara ese día. Tener una Harley Davison era un sueño para mí. El anuncio se realizaría en Los Ángeles, cuando mi hermano estuviera disponible, pero obviamente se tenía que programar por cuestiones de logística. Llegó el día esperado y mi hermano viajó a la ciudad de Los Ángeles, California. A los pocos días regresó, yo lo esperaba con toda la emoción por ver mi juguete nuevo, pero... ¡Oh sorpresa!

La emoción se convirtió en coraje, y más por su respuesta: "Rodolfo, no me presenté porque me quedé dormido." No le dije nada, sólo pensé: "Ni modo, compa", pero me dio mucho sentimiento hacia él. A pesar de mi coraje, conocía muy bien al Cacho y lo aceptaba con defectos y con virtudes, por lo que todo seguía muy bien entre él y yo.

Y así, valiéndole madre dejó tirados muchísimos compromisos; dejaba ir oportunidades que se traducían en grandes sumas de dinero por falta de interés; quedaba formalmente de ir y no se presentaba. Les digo esto para que se den una idea de la máquina de hacer dinero que era mi hermano y que nunca fue apegado a lo material... a fin de cuentas mi hermano es Julio César Chávez.

En cuanto a su entorno familiar, continuaba disfrutando a su familia; feliz y orgullosos de sus hijos: Julito y Omar, quien estaba recién nacido y se le nombró así en recuerdo a nuestro hermano menor que falleció atropellado.

Las mujeres empezaban a desfilar en la vida de Julio, pero de manera muy discreta. Él era muy vivo y se las ingeniaba para estar con dos, tres y hasta con cuatro mujeres.

Con toda esa vida tan ajetreada, continuaba con sus entrenamientos de manera muy responsable. La mayoría de las concentraciones, previas a las peleas grandes, se realizaban en el Centro Ceremonial Otomí, en San Pedro Arriba, Temoaya, Estado de México (este lugar es utilizado para ceremonias religiosas y cívicas del pueblo Otomí. Cuenta con una superficie de aproximadamente 45 hectáreas y zonas de recreación y campamento. Debido a la gran altitud en que se encuentra: 3, 200 metros sobre el nivel del mar, es utilizado comúnmente por deportistas de alto rendimiento para el entrenamiento de alta montaña).

Era de madrugada, con un frío tremendo al cual nosotros no estábamos acostumbrados, con nieve al exterior de la cabaña, en eso sonó mi despertador, marcaba las 4:45 de la mañana. Con toda la fatiga del mundo por dejar esa cama calientita y sabiendo que al salir de la cabaña nos golpearía un viento helado como si entráramos a un gigantesco congelador... me levanté, sin respirar normalmente por la altura y falta de condición física. No era fácil dejar cada mañana esa cama.

A las cinco de la mañana, Julio César Chávez se encontraba listo para ir a correr, pero no iba solo, teníamos que acompañarlo todo el equipo por órdenes del campeón; el que no corría tenía que caminar y el que no se levantaba era castigado por el mismo Julio César: al terminar de correr, Julio ingresaba al automóvil y obligaba al castigado a que lo acompañara hasta lo más alto de la montaña, al llegar allá lo bajaba del auto y se tenía que regresar a pie. A mí nunca me tocó ser castigado, yo era el jefe del campamento pero siempre fui muy responsable de sus entrenamientos.

En los momentos de recreación, a mi hermano le encantaba jugar volibol, beisbol o futbol. En ocasiones veía peleas de los campeones del momento, pero también le gustaba mucho ver las peleas de Rubén El Púas Olivares y a todos los grandes boxeadores de distintas épocas. Sin embargo, Julio siempre mantuvo su estilo propio y original.

Uno de mis trabajos principales dentro del equipo era conseguirle buenos sparrings, peleadores que le exigieran a Julio y que fuesen lo más parecido al rival en turno. Mi hermano era un boxeador que trabajaba muy duro en las sesiones de entrenamiento, en especial cuando enfrentaba a los boxeadores; por lo general eran alrededor de cuatro sparrings y le gustaba que estuvieran en muy buena condición física. Decía que eran lo principal que tenía para trabajar y quería que los atendiéramos de lo mejor. A él no le gustaban mucho las manoplas. Prefería el combate real.

Julio César Chávez boxea en entrenamiento con Mosley y de la Hoya

El equipo Chávez nos encontrábamos en el lobby del hotel Airport Park, acabamos de comer y estábamos platicando muy a gusto, Julio se encontraba descansando, en eso vimos ingresar al hotel a dos personas que se dirigieron hacia mí, el entrenador Roberto Alcázar y su prospecto, el seleccionado olímpico, Óscar de la Hoya.

Me pidió Roberto Alcazar que le diera la oportunidad de que su muchacho (Óscar de la Hoya) y otro más (Shane Mosley), hicieran una sesión de sparring con el gran campeón mexicano. Alcázar agregó que para Óscar de la Hoya era uno de sus sueños, boxear con su ídolo: Julio César Chávez.

Al verlo tan efusivo y para no romper la ilusión de aquel muchachito, les dije que lo hablaría con Julio y que se fueran al restaurante de nuestro amigo el señor Piña, para ver si una vez estando allá, había oportunidad de subirlos al cuadrilátero con Julio César.

El señor Piña era un fiel seguidor de mi hermano, no se perdía ni una sola de sus peleas; además, siempre que nos encontrábamos en Los

Ángeles, California, el equipo Chávez era invitado de honor en su restaurante. Por lo menos recibíamos la invitación tres veces a la semana... hasta el momento le agradezco el haber probado ese pollo que preparaban tan exquisito.

La segunda planta del edificio contaba con una sala de fiestas; el señor Piña la mandó acondicionar como un gimnasio de boxeo, el cual incluía un ring para que entrenara mi hermano. Aquel lugar se convirtió en un atractivo para el restaurante. Con más de doscientas personas que se acercaban a ver los entrenamientos del campeón; una banda que sonaba en los rounds de descanso y la violinista Olga Breeskin, quien siempre se portó muy bien con Julio; era muy espléndida, en varias ocasiones le hacía llegar a su habitación flores con frutas; pero en esa ocasión alegraba el lugar con su exuberante belleza exótica.

Por otro lado, yo ya había cumplido mi parte, informándole a Julio que tenía a dos muchachitos de sparrings nuevos para él.

Primero se subió un sparring de nuestro equipo a boxear cuatro rounds con Julio. Después subimos al primer solicitante; quien años más tarde se convirtió en campeón olímpico y campeón mundial en seis divisiones: Óscar de la Hoya, indiscutiblemente otro de los inmortales del boxeo.

El entrenador de Óscar de la Hoya le ponía vaselina en todo el cuerpo y lo animaba como si fuera una pelea real, me imagino que se lo tomaban muy en serio. En cuanto a Julio, era un día más de trabajo.

Al sonar la campana Julio César empezó a desplazarse en puntas con mucha soltura. Óscar inició lanzando golpes a velocidad y guardando su distancia. Mientras que mi hermano trabajaba su defensa, Óscar adquiría confianza y lanzaba sus golpes cada vez más fuertes. Mi hermano lo dejaba ser, pero Óscar, a pesar de ser un pequeño felino ya sacaba sus garras. Por lo que al finalizar el round le dije a Julio: "Carnal, te están metiendo las manos, ponle un estate quieto, ya estuvo bueno." Al iniciar el siguiente campanillazo, Julio continuó de manera relajada, pero Óscar ya se sentía dueño de la situación, por lo que Julio tomó la decisión de imponerse ante la promesa olímpica. Pero el muchachito sacó la casta y se quiso poner con Sansón a las patadas de manera valiente. Por lo que cayó en el juego de mi hermano y Julio empezó a descargar con más fuerza y en un intercambio de golpes Julio lanzó una derecha que impactó en el centro de la barbilla de Óscar de la Hoya, quien de manera sorpresiva cayó a la lona tocando su guante y rodilla derecha sobre el encordado. De inmediato se incorporó, chocaron los guantes en señal de que todo estaba bien y continuaron, Julio le bajó el ritmo para no lastimar a Óscar, pero el Golden Boy no se intimidó y soltó todo su arsenal, por lo que Julio le contestó con fuertes golpes para que así llegara el final del round.

Al iniciar el siguiente asalto, la esquina del Golden Boy presentaba a otro muchacho, quien años más tarde se convirtió en uno de los mejores boxeadores libra por libra, conquistando campeonatos mundiales en tres divisiones, me refiero a Sugar Shane Mosley.

Al dar inicio el round, Julio consentía al joven de color, dedicándose más a trabajar su defensa que el ataque; por su parte Mosley, de manera eufórica, lanzaba golpes a mi hermano con mucha rapidez, era notable que tenía una larga trayectoria amateur y ya daba destellos de lo que se convertiría en un futuro no muy lejano.

Al sonar la campana, la banda empezó a retumbar en el local con su alegre música mientras le quitábamos la camisa a Julio, porque así lo pidió.

Al siguiente round, Shane Mosley inició de igual manera, pero Julio empezó a cargar un poco más sus golpes y a presionar. A pesar de que Mosley se desplazaba de manera muy elegante sobre el cuadrilátero, no bastaba para evitar el toparse con el toro bravo que tenía enfrente. Julio consentía pero se imponía.

Al terminar el sparring mi hermano continuó entrenando, haciendo sombra. Se acercó Óscar de la Hoya en compañía de Sugar Shane Mosley para despedirse, mientras Alcázar me agradeció por dejar entrenar a Óscar de la Hoya con su ídolo.

La pelea que marcó historia en el mundo del boxeo

Iniciábamos 1990 con grandes bendiciones, en especial para la familia Chávez, por la llegada de su segundo hijo. Julio estaba más que feliz de tener en brazos a su nuevo bebé, decidió nombrarle Omar, como ya comenté, en honor a nuestro hermano menor fallecido en un accidente años atrás.

Mi hermano era un gran padre de familia y con esa sobrecarga de felicidad empezó el año entrenando en Culiacán, porque quería estar cerca de su familia, sin embargo, Julio tenía que estar concentrado, por ello nos fuimos al gimnasio Azteca Gym, en Los Ángeles, California.

Al terminar su primer entrenamiento, un periodista le dijo de manera profesional que en Estados Unidos se murmuraba que tenían a la esperanza negra para destronar a la leyenda mexicana: un joven medallista olímpico de oro, invicto en el terreno profesional y campeón mundial de la misma división de Julio César en un distinto organismo; Julio le respondió sarcásticamente pero muy seguro y con una grosería: "¡A mí me va a pelar toda la verga!"

Con la publicidad que se manejaba en Estados Unidos prometía ser una gran pelea. Los estadounidenses estaban convencidos de que el final del reinado de mi hermano tenía fecha: 17 de marzo de 1990. En cambio, en México, no se sabía mucho sobre el rival, Meldrick Taylor. México estaba dormido bajo los guantes de Julio César y confiaban plenamente en él. En el ídolo del momento.

Los medios de comunicación eran los encargados de calentar la pelea y los boletos se vendían como pan caliente.

De nueva cuenta Las Vegas recibió a uno de sus hijos predilectos en el hotel Hilton. Las apuestas estaban muy parejas entre ambos contendientes, pero el día de la pelea los seguidores de Julio César Chávez apostaron con el corazón y las apuestas quedaron cinco a once a favor del gran campeón mexicano.

Nosotros sabíamos que era una pelea muy dura, al ver videos del moreno nos sorprendimos de su rapidez, pero a la vez confiábamos mucho en mi hermano y él nos transmitía mucha confianza por la seguridad que emanaba.

Llegó el día esperado para todos los amantes y conocedores del boxeo, pero ninguno se imaginó que estaban por presenciar una pelea que marcaría la historia del boxeo mundial, uno de los combates más memorables y emotivos de todos los tiempos.

En el camerino del hotel Hilton se vivía muy buen ambiente. Julio con los guantes puestos se estiraba y tiraba golpes al aire mientras todos le aplaudíamos para animarlo, dentro del equipo nos acompañaba un pequeño integrante: Julio César Chávez junior. Eso le animaba mucho a mi hermano y el Junior se acostumbraba a los aplausos y a todo lo que oliera a boxeo.

En eso nos llamaron para dirigirnos al ring; todos llevábamos colocada en nuestra cabeza la clásica banda roja, la que no podía faltar. Al ver salir del camerino a Julio César con una bata y shorts rojos, los fanáticos y seguidores rompieron el silencio con un grito unísono, apoyando al Cacho, lo tocaban y le deseaban suerte con muchas muestras de cariño y buenas vibras. Julio les sonreía pero la mayor parte del tiempo dirigía su mirada hacia el suelo, reflejando mucha concentración.

A mitad del trayecto, antes de subir el ring, sonó el corrido "El sina-loense" que tanto nos gustaba. Era un ambiente muy bonito. Al subir al ring, a Julio le colocaron en el guante izquierdo una pequeña bandera de México y éste orgullosamente recorrió el cuadrilátero para saludar a todos los presentes, quienes se le entregaban con sus aplausos.

En eso, a lo lejos, se vió una pequeña caravana, era el equipo contrario. Parecía que había problemas, a lo lejos se veía una cabecita blanca enfurecida gritando y haciendo señas... claro, era de esperarse, es parte de la personalidad del entrenador y manager, Lou Duva (miembro del salón de la fama internacional; quien formó a más de 19 campeones del mundo, entre ellos a Meldrick Taylor). Duva tenía pensado robarse la noche montando un pequeño show con gritos y ademanes porque la música de su pupilo no se escuchaba.

En las escaleras del ring contrario se encontraba, con una bandera estadounidense, Evander Holyfield en apoyo a su compatriota; Evander fue boxeador profesional, medallista olímpico en los Ángeles en 1984, campeón mundial crucero y completo.

Julio presentaba su cinturón de campeón del Consejo Mundial de Boxeo con un record perfecto de 66 ganadas con 56 nocauts, sin conocer la derrota. Mientras Meldrick Taylor presentaba las credenciales de campeón olímpico y campeón mundial de la Federación Internacional de Boxeo, invicto en el terreno profesional con un récord de 24 ganadas, un empate y 14 nocauts.

Al encontrarse frente a frente, los dos esquivaron la mirada y al chocar los guantes cada uno se dirigió a su esquina. Mi hermano se encontraba ansioso, como un toro a punto de envestir a su presa; brincaba en puntas y lanzaba sus brazos hacia abajo; girando de manera brusca su cabeza de lado a lado. El Búfalo y yo detrás de él, lo motivábamos con los miles de fanáticos.

Al sonar la campana ambos peleadores se desplazaron de manera muy elegante, con una depurada técnica; Meldrick Taylor era quien fallaba los golpes, mientras Julio, como era costumbre en su round de estudio, fue el primero en conectar un gancho violento a la mandíbula, Tylor de inmediato le contestó a mi hermano con golpes a la velocidad de un relámpago pero el movimiento de cintura de Julio y la falta de confianza de su rival hicieron que la mayoría de los golpes se los llevara el viento.

Para el segundo asalto, Meldrick Taylor arriesgó un poco más y empezó a conectar, con base en la rapidez de puños y excelente movimiento de piernas. Julio se concentró en el tronco de su rival para quitarle rapidez a sus movimientos, para que no se convirtieran en una amenaza, inyectando su terrible dosis de veneno: el gancho al hígado.

En los siguientes rounds Taylor mantuvo su distancia pero lanzó golpes desde todos los ángulos, y aunque el movimiento de cintura de mi hermano lograba esquivar la mayoría de los golpes, muchos impactaron en su rostro, sumando puntos en nuestra contra.

Para el noveno round Julio continuó castigando a la humanidad de su contrincante, pero éste no cesó de lanzar golpes, superando a mi hermano en cuanto a cantidad. Las piernas de Meldrick Taylor no eran las mismas de los primeros asaltos, a pesar de su resistencia y enorme condición física; de manera valiente, se detuvo a intercambiar golpes con Julio César. Si ustedes hubiesen sido testigos, en vivo, de lo que sucedía en mi esquina, les hubiese impactado el estallido de los golpes, los gemidos y las exhalaciones que se escuchaban por querer arrebatar la corona uno al otro. La disputa por el reinado no daba tregua y entregaban el alma, mientras que la afición continuaba gritando y aplaudiendo por ese peleón que se vivía aquella noche.

En los siguientes dos asaltos, en nuestra esquina se empezó a respirar exasperación, y mientras Cristóbal Rosas daba sus instrucciones, el Búfalo, quien motivaba mucho a Julio, empezó a implorar a mi hermano para que diera el extra, algo que no cualquier boxeador entrega:

—¡Por tu familia Julio, vamos, ya lo tienes! ¡Yo sé que él es muy duro, pero tú eres más macho que él!

—Tienes que salir y tirar chingazos por todos lados —yo también lo motivaba.

—¡Tienes que jugártela, tú lo puedes noquear todavía, hazlo por tu madre, por tus hijos, tú eres mejor que él, vamos Julio!

Al sonar la campana para dar inicio al último asalto, ambos peleadores, por reglamento, chocaron los guantes frente al réferie Richard Steele. Meldrick Taylor inició lanzando golpes, mientras Julio le contestó de igual manera y continuó presionando a su rival, pero el moreno sacó la mejor parte lanzando más de mil golpes, como desde el primer round. Julio con ese corazón que no le cabía en el pecho, insistió buscando la manera de cómo acabar con su contrincante por nocaut. Era impresionante ver a los dos gladiadores de pie, golpeando con contundencia y rapidez como si fuese el primer asalto. Sin embargo, todo nuestro equipo nos encontrábamos muy impacientes, pero sin perder la cordura. Habíamos visto pasar un round, pasar otro y no ocurría nada favorecedor para nosotros, un cambio que se viera contundente como para darle un giro a la pelea. Sólo sabíamos que conforme llegaba la pelea a su final, las tarjetas de los jueces favorecían a Meldrick Taylor.

Faltando alrededor de treinta segundos para finalizar el doceavo asalto, me invadió una especie de desesperación y tristeza. Tengo muy presente ese sentimiento. Mi lenguaje corporal era el de una caricatura en la derrota. Con vaselina y sudor en las manos incliné mi cabeza, cubriéndome mi rostro, pensando que habíamos perdido la pelea y todo había valido madre... de repente escuché un ruido ensordecedor, los miles de espectadores desgarraron sus gargantas con un grito muy fuerte al mismo tiempo, lo tengo muy presente en mi memoria. Rápidamente levanté la cara y vi a Meldrick desvanecerse, como en cámara lenta. Mi reacción, por instinto, fue dar un salto y gritar de la emoción, fue una cosa increíble.

El réferi Richard Steele le dio la cuenta de protección, vio a Taylor con la mirada perdida, sin contestar, y faltando tan sólo dos segundos para terminar el round, decidió que Meldrick Taylor no podía continuar peleando.

El entrenador de Taylor se transformó y subió al cuadrilátero a reclamar al réferi de manera desquiciada. Mientras en nuestra esquina subimos al cuadrilátero a abrazar a mi hermano por esa victoria, digna de cualquier película de suspenso y acción.

Entre toda esa algarabía, se acercó el comentarista de HBO, Larry Merchant y le preguntó a Julio qué es lo que pensaba de ese último asalto, Julio le respondió que se sentía muy cansado y le daba el reconocimiento a Meldrick Taylor como peleador, ofreciéndole una segunda oportunidad.

Julio no se veía golpeado, sin embargo, su contrincante se veía avasallado y fue trasladado de inmediato al hospital para ser atendido en urgencias.

Del trayecto del ring hacia el camerino, un fan de Julio me detuvo y me ofreció 500 dólares por la cintilla que llevaba en mi cabeza, no la quise soltar porque iba muy eufórico, fue toda toda una locura, yo había tenido muchas emociones de las peleas de Julio, pero jamás he vuelto a vivir algo así, nunca me había conmovido tanto, lo que viví fue algo indescriptible: gente gritando, llorando de emoción, lo abrazaban, lo felicitaban y le daban las gracias. A muchos les hizo ganar dinero en las apuestas. La gente se le entregaba, sobre todo por concederles el privilegio de regalarles esa noche tan especial.

Julio ya no era el joven que después de sus peleas vestía shorts y sandalias en compañía de su modesto equipo de trabajo; Julio ya salía vestido con un traje de alta costura, hecho por los diseñadores del momento, rodeado por decenas de personas.

Al ver entrar a la suite del hotel al protagonista de la noche, todos empezamos aplaudir, ovacionándolo, en ese momento tomó una bebida que se encontraba sobre el bar de la suite y al levantarla al cielo dijo: "¡Salud!" Todos le contestamos; las risas y carcajadas abundaban en aquel lugar.

La mayoría de las pláticas eran relacionadas a lo vivido esa noche sobre el ring: la remembranza de la pelea, qué sentía, qué pensaba, etcétera. Las fotos y los autógrafos no podían faltar. Mi hermano a todos les daba gusto, convirtiéndose en el mejor de los anfitriones.

Ya para las dos de la mañana, los efectos del alcohol y no sé qué más, se reflejaban en el rostro de muchos de los presentes, mi hermano no era la excepción a pesar de que en esa época Julio era tranquilo, a mí no me gustaba verlo tomar. Y para no llegar a él con sermones, en un momento en el que a Julio se le veía feliz, mejor me retiré a dormir.

Al día siguiente por la mañana, me levanté como a las nueve o diez, como una lechuga fresca, entonces escuché que se cerraba una puerta de algún cuarto, me asomé a ver si era de la habitación de Julio... efectivamente, pude observar una figura escultural saliendo de su habitación. Esto lo empecé a ver más a menudo, después de cada pelea y muchas veces con las artistas del momento, estrellas de la pantalla chica y grande.

Dinero, fama y poder en la vida de Julio César Chávez

Después de esa pelea, Julio ya podía jactarse de ser considerado uno de los hombres más conocidos sobre la faz de la tierra, su popularidad rebasó fronteras, penetró tanto que ya no podía estar tranquilo en ningún lugar. El mundo se postraba ante sus pies y la vida le seguía sonriendo. Esa pelea marcó la grandeza de Julio César Chávez González.

Considerado como el mejor libra por libra y con el reconocimiento mundial que ostentaba, le daba al organismo del Consejo Mundial de Boxeo un prestigio invaluable, por lo que días después de la pelea, Julio fue a la Ciudad de México a platicar con don José Sulaimán, quien en repetidas ocasiones le decía a Julio que lo veía como a uno de sus hijos; Julio César también le tenía un cariño muy especial, ya que siempre lo aconsejaba, como lo hace un padre a un hijo. Sulaimán le recriminaba cuando se enteraba de que las fiestas duraban hasta tres días y cuando se pasaba de copas; por supuesto que a Julio no le parecía y lo mandaba a volar, aunque conociendo al Cacho, él sabía que don José lo hacía por su bien. La realidad era que se tejía una muy bonita relación de amistad y respeto entre el ídolo mexicano y el presidente del Consejo Mundial de Boxeo.

Por otro lado, la relación con el expresidente de México, el licenciado Carlos Salinas de Gortari, cada vez era más estrecha. El licenciado Salinas en muchas ocasiones requería de la presencia del gran campeón mexicano para que lo acompañara en eventos públicos y privados. La familia Salinas de Gortari también querían convivir con El César del boxeo. Y no tardó mi hermano en robarse su corazón.

La mamá de los Salinas de Gortari, Margarita, era una dama muy educada, con mucha personalidad. Con Julio platicaba de manera muy agradable, como si fuesen familiares, y en son de broma el licenciado Carlos Salinas y su hermano Raúl, le decían que su mamá quería más a Julio que a ellos mismos. Mi hermano simplemente se echaba a reír.

El licenciado Salinas era un fanático del boxeo, por tal motivo, era evidente la admiración que le tenía a mi hermano. Además, Julio ya era un imán para atrapar a las masas, con su presencia cautivaba a las multitudes, por eso muchas otras personalidades del mundo de la política, que tenían aspiraciones en trascender, acudían a mi hermano como si de él dependiera el puesto.

Julio era un amante de los automóviles y si corrían... mejor. El César del boxeo era toda una celebridad y como tal se paseaba por las calles de Culiacán a gran velocidad en un su deportivo de lujo marca Zimmer, un automóvil de dos plazas que le había regalado Don King. En el respaldo del asiento en piel aparecían bordadas las letras "J.C." y tres coronas, por ser el campeón en tres divisiones.

Los policías al verlo pasar como un relámpago, lejos de realizarle una infracción, le sonreían y le saludaban. Cuando llegaban a detenerlo, era para pedirle un autógrafo, fotografiarse con él o felicitarlo.

Su residencia, que adquirió en Culiacán, Sinaloa, en el fraccionamiento Colinas, era constantemente acosada por tumultos de personas que querían ver al campeón mundial del momento, y a la vez parecía que se encontraban regalando tortillas, ya que había filas de personas solicitando una cita con mi hermano para hacerle llegar todo tipo de peticiones: autógrafos, fotografías, pedían su ayuda para emprender algún negocio, para pagar deudas o simplemente para recibir una donación del dadivoso de mi hermano. En muchas ocasiones lo abordaban con niños parapléjicos, con recetas médicas y los padres angustiados contaban su triste historia, mi hermano conmovido se sentía con la obligación moral y siempre ayudaba.

Con el insaciable acoso, el pobre Julio tenía que convertirse en un mago escapista, ya que tenía que salir de su propia casa de distintas maneras; muchas veces a escondidas, agachado dentro del automóvil, se daba a la fuga en distintos lugares de la cochera, portando una gorra y lentes oscuros para que no fuera identificado por quienes ya se sentían con el derecho de que mi hermano tenía que estar disponible para ellos a todas horas.

Julio se daba cuenta de que Dios le concedió la abundancia que tanto soñó: mucha salud, amor, fama, fortuna, amigos... Simplemente háganse la siguiente pregunta: ¿Qué deseaba Julio César Chávez que no pudiera tener? ¡Tenía acceso absoluto a todo!

Consciente de su gratitud hacia la vida, en los días festivos más significativos, Julio César los convertía en momentos inolvidables para muchas familias, en especial para los que más necesitaban:

—¡Rodolfo! —me decía.

—¿Que onda carnal?

—Es Navidad y hay mucha gente que no tiene ni para la cena de hoy. Háblale al Ariel y al Borrego para que me acompañen al banco a sacar dinero para repartir.

—¿Y eso? Pero... ¿Dónde vas a repartir, a quién se lo vas a dar?

—No sé, voy a sacar unos sesenta mil dólares y vámonos a los lugares más pobres de Culiacán. Necesito que traigas una mochila para meter el dinero, lo quiero dar yo, casa por casa.

Y así nos ibamos, al azar, a los lugares mas necesitados. Llegabamos en automóvil a las calles sin pavimentar, lugares donde no todos contaban con los servicios básicos para vivir dignamente.

Julio tocó la puerta de una vivienda con materiales de lámina y madera, abrió un niño como de unos siete años, en calzoncitos, descalzo y sucio. Inmediatamente el niño reconoció a mi hermano y empezó a gritar:

—¡Amá, amá, córrale, aquí ta el Julio César Chávez!

El Cacho sólo sonrió y me pidió cuatro mil pesos. Mientras yo sacaba el dinero de la mochila, se asomaron de la casa otros cinco niños en las mismas condiciones que el primero.

—Rodolfo —dijo mi hermano—, dame otros cuatro mil pesos.

En eso se asomaron a la puerta el señor y la señora de la casa, con una gran sonrisa pintada en sus caras saludaron a mi hermano, sin creer que estuviera a la puerta de aquella choza. Julio le hizo entrega a la señora la cantidad de ocho mil pesos.

—¿Pero cómo cree? —la señora no lo creía— ¿Es para nosotros todo este dinero?

—Para que les compre ropita a los niños y que coman bien, es para ustedes. Pasen una feliz navidad.

—Que Dios lo bendiga ¡Es usted un ángel ¡Es la mejor navidad de nuestras vidas!

Aquella pareja, evidentemente conmovida, lloraban y abrazaban a mi hermano, dándole las gracias, repitiendo que Dios se los había mandado.

Me imagino que esa familia no tenía ni para comer y el Cacho fue en verdad un enviado de Dios para todas aquellas familias, de manera desinteresada y sin reflectores, él acudía al llamado de su corazón. Esa historia se repetía con distintas caras en distintos escenarios.

Nuestra navidad la pasábamos en familia. Los tiempos en que no teníamos ni un solo regalo y muchas veces ni para la cena, ya eran cosa del pasado. Ahora la música no provenía de la radio, era un trío que cantaban para mi mamá dentro de la casa, mientras que en la cochera sonaban muy fuertes las trompetas de una banda sinaloense que ponía ambiente, estando a la espera un mariachi.

Julio entregaba los regalos que él mismo había comprado, la mayoría de nuestros hermanos habían recibido bastante dinero, tanto que a todos por separado ya nos había dado para que nos hiciéramos de nuestra propia casa.

Esa noche recibí un regalo muy bonito por parte de mi hermano: un automóvil de lujo. Abracé a Julio y le di las gracias por lo recibido y por tantos buenos gestos que siempre tuvo con nosotros.

El aroma de la comida era delicioso, eso sí, todo en abundancia: el tradicional pavo, frijoles puercos, distintas sopas, carne asada, pozole, tamales, menudo, etcétera. Julio recibía llamadas que tenía que atender, entre ellas: la del gobernador y el presidente de la República Mexicana, Don King, artistas, en fin... imagínense ustedes.

La entrada de la residencia contaba con seguridad privada y aun así, se encontraban alrededor de cien personas, entre familiares e invitados de los invitados... Ja, ja, ja, ja... ya se imaginarán.

Afuera parecía como una verbena navideña, muchísima gente cubriendo la banqueta y la calle velando por el campeón.

Cada año visitamos distintas prisiones, incluyendo el centro tutelar de menores, donde los convictos se fascinaban de contar con la compañía de mi hermano; quien no sólo convivía con ellos, llegaba con un camión, con diversos regalos que le permitían ingresar a la cárcel: ropa, calzado, material deportivo y hasta un ring de boxeo regaló.

En el día del niño, casi todos los años por la avenida Álvaro Obregón de Culiacán, nos estacionábamos con un camión torton de volteo, lleno de juguetes: carritos a control remoto, muñequitos de películas del momento, pelotas, bats de beisbol, triciclos, bicicletas, etcétera. Todos los niños que levantaban la mano recibían un regalo de la mano de Julio, aquello era una gran fiesta. En el día de las madres hacía lo mismo, pero con regalos para el hogar y dinero.

Muchos políticos empezaron a colgarse de las buenas intenciones de mi hermano, para estar presentes en aquellos eventos, de los cuales Julio no necesitaba de publicidad ya que era un líder que hipnotizaba a las multitudes. Lo que sí les puedo decir, es que al realizar todas esas buenas obras, Julio se llenaba de energía, de buena vibra, yo lo veía espiritualmente satisfecho.

Julio César Chávez idolatrado en Europa

El Búfalo es originario de España, y un promotor amigo de él lo contactó porque estaba muy interesado en realizar una función con el gran campeón mexicano, ya que Europa también quería deleitarse con una de sus peleas. Don King hizo sus arreglos y determinó que Julio no expondría el título. Al poco tiempo ya nos encontrábamos en Toledo, España.

Tomamos un tour para conocer sobre la historia y arquitectura de aquel bello lugar, sin embargo, era muy difícil tomar el tour como cualquier otro turista, ya que mi hermano era reconocido en cada lugar que llegábamos y parecía que la gente estaba más interesada en conocer a mi hermano que la historia de las iglesias y monumentos. Julio César siempre fue muy atento con todos los que se le acercaban, aun cuando se encontraba comiendo, lo mismo nos ocurrió por las calles de Madrid; me llamó mucho la atención sobre todos los seguidores que tenía en el viejo continente.

A Julio le encantaba el shoping y durante su estancia en España las exclusivas tiendas de alta costura le endulzaban los ojos. Para mi gusto compraba ropa demasiado cara, pero tengo que reconocer que Julio César era toda una celebridad y tenía todo el derecho de vivir como tal.

El día de la pelea en el Palacio de los Deportes, presentó un lleno total. Don King nos había informado que sería una pelea tranquila contra un peleador de Ghana, donde no expondrían al campeón, pero ¡Vaya sorpresa! Al finalizar el primer asalto, Julio nos dijo: "Puta madre ¡Nunca había sentido un chingazo tan fuerte como el de ese cabrón!"

Afortunadamente Julio salió con todo para el siguiente asalto y logró dejarlo fuera de combate antes de finalizar el round.

Julio César Chávez continúa haciendo historia

El 18 de agosto de 1990, Julio César, con treinta años de edad recién cumplidos, retornó a la plaza que lo vio nacer: Culiacán, Sinaloa; para enfrentarse contra Russell Mosley, en una pelea televisada en México, donde los comentaristas adulaban a mi hermano. Sólo le bastaron tres asaltos para finiquitar su obra: nocaut efectivo.

En tres meses más, volvió a presentarse en Sinaloa, pero ahora en Mazatlán, en la disco Franky O contra su compatriota Jaime Balboa.

Ángel Gutierrez, exapoderado de Julio César, se presentó días antes de la pelea, haciéndome una cordial invitación para desayunar. Pasó por mí en un taxi, durante el trayecto del hotel al restaurante se encontró a dos mujeres de muy buen ver, caminando por el malecón:

—Mira, mira Rodolfo lo que me recetó el doctor —Ángel era una persona bien parecida, con mucha personalidad—. Las voy a invitar a salir por la noche.

—Ja, ja, ja, ja, ja... vamos a ver cómo te mandan a volar, ja, ja, ja...

—Compa —le dijo Ángel al taxista—, deténgase ahí a un lado de las muchachas... Buenos días... ¿A dónde van tan solas?

Se hizo un silencio total por parte de las dos mujeres, quienes solamente se dignaron a voltearnos a ver de reojo. En eso Ángel descendió del taxi y vi que sacó un fajo de dólares y le entregó 500 dólares a cada una diciéndoles:

—Quiero que se compren ropa muy bonita para que salgan con nosotros hoy en la noche. Aquí les presento a mi amigo, es nada más y nada menos que el hermano mayor de Julio César Chávez.

No sé qué fue lo que pegó más, si los mil dólares que de entrada les dio Ángel o el parentesco con mi hermano. Pero no dudaron ni un instante en subirse con nosotros al taxi.

Por la noche, como era de esperarse, el día de la pelea, se encontraba la disco de Pancho Arellano Félix a reventar. Julio presentó su eminente nocaut en el tercer episodio.

Al mes volvió a pelear en Atlantic City donde expuso sus dos cinturones: del Consejo Mundial de Boxeo y de la Federación Internacional de Boxeo, contra el duro peleador coreano Kyung-Duk-Ahn, quien presentaba 29 ganadas y una perdida.

Cuando nos encontrábamos en el camerino realizando el calentamiento de Julio, se escucháron del otro lado de la cortina de color negro que nos dividía, unos gemidos, como si un toro bravo bufara de manera constante. Me invadió la curiosidad y me asomé por la cortina... ¡Era el joven Mike Tyson! quien pelearía a diez rounds. Se movía muy inquieto de un lado a otro lado, lanzando golpes y gimiendo, exhalando; su respiración, era como el bramido de un toro mientras avanzaba. Imponía mucho, parecía un gorila a punto de atacar. Esa noche Tyson despedazó a su rival en el primer round mientras Julio despachó a su rival en el tercer episodio.

En cuatro meses más, volvió hacer lo mismo en el hotel Mirage de Las Vegas contra John Duplessis, de 36 ganadas y una perdida. Lo mandó a dormir en el cuarto episodio. Ese año Julio César realizó cuatro peleas más, de las cuales tres fueron por nocaut.

En 1992 tomó la decisión de pelear en La Paz contra su paisano Juan Bull Terrier Soberanes, quien presentaba más de cuarenta peleas profesionales, en la mayoría de ellas aparecía el nocaut.

En esos días Julio César se enteró que en el asilo de ancianos de La Paz vivían en condiciones poco favorables, por lo que tomó la decisión de hacerles una donación de las entradas que se generarían en su próximo compromiso boxístico.

Antes de viajar a La Paz, mi hermano visitó al asilo y al darse cuenta de la manera en que vivían, decidió no esperar y de su propia bolsa hacer las compras de inmediato: sábanas, cobijas, almohadas, pañales, colchones, camas, televisiones, alimentos, ropa, estufas, entre otras cosas.

Con el alma satisfecha y con la buena acción que acababa de realizar, mi hermano subió al avión que lo llevaría a La Paz. Al ingresar se sentó en el lugar de primera clase y desde muchos asientos atrás se escuchó un grito muy fuerte: "¡Julio Céeesaaaaarrrr!, ¡campeón!" Julio volteó hacia atrás y observó a una mujer con el pelo suelto corriendo hacia él. Lo abrazó y se presentó, era Gloria Trevi; una mujer preciosa que invitó a Julio al show que daría un día antes de la pelea.

Julio acudió al concierto de Gloria Trevi y al entrar, la misma Trevi lo presentó y todos le aplaudieron de manera muy efusiva, Julio tomó asiento y Gloria lo invitó al escenario para hacerle un baile frente a todos, mi hermano se negó y se mantuvo firme en su asiento. Después de finalizar el show se fueron juntos. Ese show no me tocó verlo. Lo que sí me pude dar cuenta es que hicieron una bonita amistad.

Hacia 1992 ya había excesos en la vida de Julio, todo era basto, muchos compromisos sociales. El poder que ejercía mi hermano sobre las masas era cada vez más grande. La farándula era parte de la vida de Julio, una vida muy cansada, pero el Cacho siempre tuvo baterías extras.

Mi hermano mantenía ese corazón arriba y abajo del ring. En esa época todos querían hacer negocio con Julio y querían contraer sociedades con él. Julio nunca realizó ninguna sociedad, no le interesaba.

Empezó a construir un edificio en Culiacán para oficinas de renta. Yo estaba encargado del edificio. Al poco tiempo compró seis camiones de volteo para acarreo de materiales, después adquirió una cribadora y la rentaba constantemente. Mi hermano Sergio se hacía cargo de este negocio. Yo le decía a mi hermano que se concentrara en pelear, ya que eso era su negocio real y se olvidara de los otros. Lo necesitaba bien concentrado.

Al tener tantos ingresos, Julio decidió hacer su casa de descanso y mandó construir una casa de campo a la orilla del río. Parecía que estábamos en la selva con muchísima vegetación. Una casa grande con muchos detalles en madera labrada, muy *ad hoc* para el lugar. Esa casa al quedar terminada, nunca la usó. No le daba tiempo de disfrutar de esos pequeños placeres. No tenía descanso, por lo que la casa terminó vendiéndose.

Como se darán cuenta, Julio César era un terremoto que no paraba y seguía peleando de manera continua, sin descanso. Al mes de haber realizado su pelea en La Paz, se presentó en la Ciudad de México, en la monumental Plaza de Toros, con un lleno total, donde ya no cabía ni un alfiler. En la parte del *ringside*: artistas, políticos y personalidades del sector empresarial daban el apoyo al ídolo del momento. La gente que se congregó en aquel recinto sabía que era una buena pelea, ya que el rival era el boricua Angel Pelayito Hernandez, con un récord invicto: 37 ganadas y dos empates.

Esta pelea se la dedicó a su amigo Mike Tyson. Jimmy Lennon junior era el presentador oficial. A Don King le llamó la atención la cantidad de personas congregadas y sabía que muchas más no pudieron ingresar por falta de cupo.

Julio César salió del camerino con la canción "México lindo y querido", que se hizo oficial en todas sus presentaciones futuras. La gente al verlo enloqueció gritando: "¡Chávez, Chávez!"

Al iniciar el combate, el Pelayito le tenía mucho respeto a Julio, por lo que no esperó en relucir todas sus mañas, ensuciando la pelea. En cuanto a mi hermano, se encargó de presionar, cerrando salidas y lanzando golpes. A Julio se le veía molesto y no queríamos que cayera en su juego. Le decía constantemente que no se desesperara, que no perdiera la cabeza. Así transcurrieron los tres primeros rounds y fue hasta el cuarto asalto que Julio empezó acomodarse a su estilo, pues su rival ya había perdido la movilidad que mostraba al principio de la pelea debido al castigo recibido al cuerpo.

Para el quinto round Julio descargó toda su furia sobre su rival, poniéndolo en malas condiciones, el réferie detuvo el combate para sumar otra victoria por la vía del nocaut para Julio, a quien ya le apodaban "Mr. Ko". Al ser entrevistado por el corresponsal de *Showtime*, éste le dijo a Julio que los japoneses no querían pelear con él, porque lo consideraban como un Dios.

La pelea de Héctor El Macho Camacho, ya era un hecho; se tenía pactada para el 12 de septiembre de ese mismo año. Julio César quería otra pelea más de preparación antes de la pelea grande con El Macho, sin embargo, Don King lo enfrentó contra un peleador de color, quien presentaba un récord bastante respetable: Frankie Mitchell, con 29 ganadas y sólo una perdida.

El lugar fue Las Vegas, Nevada, hotel Hilton, con un lleno total. En la parte del *ringside* se encontraba sentado Don King pero acompañado de otro de sus boxeadores consentidos: Héctor El Macho Camacho, quien siempre vestía de manera estrafalaria, llamando la atención.

El contrincante de Julio César, Frankie Mitchell, mostró mucho respeto ante el terremoto que tenía al frente y decidió subirse a la bicicleta, lanzando muchísimos golpes con malas intenciones. Al terminar el primer round El Macho se paró sobre su silla y volteándose hacia el público gritó: "It's Macho time." Todos sonrieron y le aplaudieron, pero los seguidores de corazón de Julio se encargaron de abuchearlo.

Para el tercer round Julio tenía dominada la situación, lo envió dos veces a la lona. Para el cuarto round lo volvió a sentar con una poderosa mano derecha, el réferi suspendió el combate. Julio, antes de festejar, se dirigió desde arriba del ring hacia El Macho, amenazándolo: "¡Tú sigues!"

A Julio César lo subieron en hombros con su primogénito y le dieron la vuelta al ring. El público le aplaudió de pie mientras le quitaban los guantes para ponerle hielo sobre su mano derecha.

El Macho no perdió la oportunidad para promocionarse y se subió al ring, tomó la bandera de México y caminó con ella alrededor del cuadrilátero. Mientras Jimmy Lennon junior declaraba ganador a Julio, El Macho se paró a un costado de él y le sacudió el cinturón del CMB que cargaba Julio en su cintura, diciéndole que era de él. Mi hermano sólo sonreía de las ocurrencias de Camacho. Luego se le ocurrió pararse frente a mi hermano dándole la espalda mientras Don King informaba a la cadena televisora *Showtime* sobre la pelea de ambos. Julio empujó al Macho en repetidas ocasiones sin que éste le diera respuesta. La pelea cada vez se calentaba más.

Invitado especial del hombre más famoso de Colombia

En una ocasión llamaron por teléfono a la casa de Julio, mi mamá atendió la llamada; era el asistente del licenciado, quería que mi hermano atendiera una cordial invitación a una comida en una majestuosa hacienda localizada cerca de la Ciudad de México, propiedad de un personaje a quien años más adelante le dedicaron una famosa serie sobre su vida por televisión.

Mi hermano se negó porque estaba cansado de tantos compromisos y quería espacio para él, pero mi mamá ya le había dicho al asistente del licenciado que sí se encontraba en casa y atendería la invitación. Mi carnal estaba renuente en ir, entonces me llamaron para que lo convenciera, el político más importante de aquel momento en el estado se presentó en la casa del Cacho para convencerlo de que fuera, pero el Cacho no quería, después de hacer una buena labor de convencimiento, accedió.

Un jet privado ya se encontraba en el aeropuerto de Culiacán, Sinaloa, a la espera del campeón. Subió al jet y al poco tiempo aterrizó en una esplendorosa hacienda, con un impresionante operativo que resguardaba aquel lugar majestuoso.

Cuando vieron llegar al lugar a Julio César, la corte celestial que se encontraba reunida para una junta muy importante, se puso de pie para saludar a mi hermano de manera efusiva.

Era una reunión de varios "angelitos" convocada por la persona más famosa y buscada de Colombia... Esa persona en particular fue el primero en abrazarlo y darle un par de besos en sus mejillas. El campeón se hizo hacia atrás, empujando al simpático y poderoso gordito. Varios de los presentes no supieron cómo reaccionar, calmando a Julio y sin pasar a mayores, le explicaron que así saludaban allá, pero el patrón del mal ni se inmutó, por el contrario, estaba emocionado de conocer en vivo a la leyenda del boxeo, ya que fue él mismo quien lo solicitó para tratarlo en persona. De inmediato los presentaron y el ángel de mi hermano se hizo notar, ambientando aquel paraíso con su forma de ser.

Las fotografías no se hicieron esperar y empezaron los flashazos de manera ininterrumpida, el colombiano se ponía con el campeón en distintas poses hasta que mi hermano con su característica sonrisa le dijo: "¿Tú te pones como si fueras a pelear no?", y luego le empezó a golpear al hígado de manera suave pero bien colocado. El Patrón, como le apodaban, nomás se reía y se echaba para atrás a carcajadas.

Todos querían escuchar sus proezas boxísticas y experiencias de vida. Mi hermano, como centro de atención, disfrutaba su exposición entre risas, narrando los momentos de clímax en sus múltiples historias, dejando atónitos a los folclóricos personajes.

En eso empezaron a desfilar, alrededor nuestro, personas de blanco con charolas de plata, al destaparlas nos ofrecieron por nuestro lado izquierdo un manjar de alimentos preparados de manera muy especial por el chef de aquel lugar.

Ya cuando estábamos por terminar el postre se observó la llegada de un helicóptero que Julio creyó que ya había paseado anteriormente.

A escasos cien metros aterrizó el hermoso helicóptero; quien iba dentro de él debió ser una persona muy importante, ya que todos se pusieron de pie y se dirigieron hacia él para darle la bienvenida y dar inicio a una supuesta reunión. Mi hermano no preguntó ni supo quién era aquel personaje.

Mi hermano ya no tenía nada que hacer en aquel lugar, por lo que en ese momento regresó a Culiacán, Sinaloa, para continuar viviendo una vida a la que pocos tienen derecho.

Los personajes que se dieron cita en aquella hacienda años más tarde crearon una guerra entre ellos, poniendo al país de cabeza. Mi hermano simplemente se dedicaba a pelear en funciones montadas y disfrutaba del cariño de las multitudes, creando amistades en todos los estratos sociales porque Julio César Chávez ya se había convertido en un patrimonio mundial.

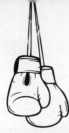

Julio César Chávez se consagra con la pelea de El Macho

Se pactó para el 12 de septiembre de 1992, en el contrato de Don King, una de las peleas más esperadas por los fanáticos del boxeo, la cual rompió el récord de la pelea que más rápido vendió sus entradas en la historia del boxeo en Las Vegas, Nevada. La cita era en el Thomas & Marck Center. Julio César Chávez, con un impresionante récord invicto de 81 ganadas y 67 nocauts, contra Héctor El Macho Camacho, con 40 ganadas y sólo una polémica pelea perdida ante Greg Haugen, y 18 nocauts.

Durante las conferencias de prensa, Julio era un hombre de pocas palabras que prefería hablar con los guantes puestos sobre el ring. Sin embargo, hacía mención que era la pelea más importante de su carrera. El gremio boxístico especulaba mucho sobre quién era mejor. Mi hermano estaba buscando esta pelea por más de cinco años y ahora que tenía la oportunidad no la desaprovecharía. En cuanto a El Macho, era muy bocón, le decía que lo iba a chocar (ganar por nocaut), lo interrumpía alzándole la voz, señalándolo con su dedo índice, lo provocaba constantemente, haciéndolo menos, diciendo que ningún boxeador de los que mi hermano había enfrentado, tenía la calidad de El Macho Camacho y que él sería el único que le quitaría lo invicto. No perdía oportunidad para agredirlo.

Julio César sí se prendía y lo sacaba de quicio. Conociendo el temperamento del Cacho no entiendo cómo se mantuvo tranquilo para no darle un chingazo; se controló muy bien. Pero cuando salió de la conferencia nos dijo: "¡Hijo de la chingada, cabrón, cómo chinga, me saca de onda!" Nosotros le decíamos que era parte del show y que lo estaba manejando muy bien.

Durante las conferencias cada quién emanaba mucha seguridad, en una de ellas Julio le dijo que si estaba tan seguro de ganar, le apostara cien mil dólares a que le ganaría y El Macho aceptó la apuesta, por lo que en la mesa de la conferencia reposaban doscientos mil dólares en efectivo, ese dinero se guardó en la caja de seguridad del hotel Hilton de Las Vegas, Nevada, se entregaría al ganador una vez finalizada la contienda.

La preparación de Julio para esta pelea era de lo mejor. Aprovechando la condición física de su pelea reciente, no suspendió sus entrenamientos y continuó entrenando para este compromiso. Julio nunca hacía nada diferente, no trabajaba con las manoplas. El trabajo fuerte de Julio era la sombra, de quince a veinte minutos aproximadamente, trabajó muy fuerte con sparrings (fueron necesarios por lo menos cuatro sparrings), costal y abdominales.

El día del gran evento, el lugar se encontraba a reventar: Más de 19,000 personas. Recuerdo a la gente desesperada, queriendo comprar boletos, pero ya estaban agotados, muchos buscaban de reventa pero era muy difícil conseguirlos.

En el camerino, el ambiente era muy tenso debido a la importancia de la pelea, sabíamos de la dificultad del rival. Cuando Julio se vestía para subir al ring, se encontraba con nosotros Vicente Fernández, pero lo notábamos un poco inquieto; estaba tomando agua a cada momento, entonces mi hermano le dijo:

—Tómese un tequilita para que se aliviane.

—Ja, ja, ja, ja... a qué mi campeón ¿cómo crees? no debo, estoy tomando agua porque tengo que cantar bien.

—¿Y por qué está nervioso? Si usted está preparado para cantar frente a miles de personas.

—Así es, Julio, pero nunca he cantado el Himno nacional frente al mundo.

Julio continuó calentando y soltando golpes al aire... de pronto ingresó al camerino Verónica Castro con su hijo Cristian Castro, para saludarlo, después llegó Yolanda Andrade y Montserrat Oliver.

Y en menos de cinco minutos abrió la puerta un miembro de la comisión de boxeo atlética de Nevada para avisarnos que estaba por salir Héctor El Macho Camacho y que después seguíamos nosotros.

El Macho Camacho era un producto que se vendía solo. Era todo un *showman*. Cuando las cámaras de televisión lo empezaron a grabar, no pude evitar una carcajada: su vestimenta era un estampado de Puerto Rico en su disfraz de gladiador romano con todo y capa, en su frente una tela en forma de "M" y los shorts estaban recortados en tiras como gladiador. Lo recuerdo levantando los brazos al cielo y gritando: "It's Macho time."

Cuando salió del camerino hacia el ring, los puertorriqueños lo festejaron y le dieron ánimos, mientras que la gran mayoría lo abucheaba. Al Macho parecía no importarle y se detenía a seguir bailando de manera muy pintoresca y continuaba gritando: "It's Macho time." Su familia, en ringside, bailaba y cantaba muy alegre. Al subir al ring continuó su baile y tanto Don King como don José Sulaimán, no pudieron evitar festejarle y carcajearse disimuladamente.

Cuando fue nuestro turno de salir del camerino hacia el encordado, se vivía un ambiente de lujo. Julio, con su característico listón y elegante vestimenta con bordados en lentejuela, aparecía como un gran líder ante los miles de seguidores que le gritaban eufóricamente. Julio César Chávez junior estaba detrás de su papá sobre los hombros de alguien de nuestro equipo, de repente, personal del hotel y dos policías más, le impidieron el acceso hacia el ring, junto a mi cuñado Michael y varios más; mientras que Julio César avanzaba se dio cuenta de lo ocurrido y muy molesto se regresó diciéndole a uno de los policías que los dejara pasar para que lo acompañaran, pero el policía se encontraba de espaldas haciendo fuerza para que no pasaran; mientras los demás forcejeaban, el policía no se daba cuenta de quién le tocaba la espalda, era Julio, por lo que el campeón le empezó a gritar y a empujar en repetidas ocasiones. Finalmente, a duras penas pasó el equipo Chávez. Este incidente le sirvió a Julio, porque subió al ring con la sangre hirviendo.

Al encontrarse ambos contendientes frente a frente, Julio, como era su costumbre, mantenía su vista clavada en la lona. Chocaron los guantes por reglamento y sonó la campana. Julio tomó la iniciativa y lanzó un poderoso gancho a la mandíbula de Camacho, pero éste lo esquivó con la habilidad de un torero frente a un animal agresivo. Julio César esquivó también los golpes rectos que lanzaba El Macho para mantenerlo a la distancia desde la bicicleta en la que parecía que se había montado; desde el primer asalto empezó a abrazarlo, porque bajo ningún motivo se detenía a intercambiar golpes con el gran campeón mexicano.

Julio, de manera paciente pero persistente, continuaba presionando y golpeando al cuerpo cada vez que cometía un error El Macho. Los golpes que lanzaba Julio no eran para conectar puntos, eran con toda la intención de enviarlo a la lona.

Los rounds transcurrieron y el oriundo de la Isla del encanto, estaba más preocupado por salir en piernas y abrazar, que en enfrentar a su rival; mientras Julio, conforme pasaban los rounds, se veía más agresivo y dominante de la situación.

Al finalizar el séptimo asalto, El Macho, por primera vez, no levantó los brazos en señal de victoria como lo venía haciendo los rounds anteriores. Se regresó a su esquina con un hilo de sangre que emanaba de su nariz y una notable inflamación de su pómulo izquierdo, debido a todos los rectos de mano derecha que lanzaba El César del boxeo.

En el noveno round el ojo de Camacho estaba casi cerrado, las piernas ya no le respondían y el castigo hacia él era más severo.

Los siguientes rounds fueron eternos para El Macho, quien valientemente daba destellos de vida cuando por esporádicos cinco segundos se ponía a intercambiar golpes con el campeón. Al finalizar el round doce, se dieron un fuerte abrazo, mientras los 19,000 espectadores en pie, aplaudían a ambos peleadores.

Bajando del ring, tuvimos la necesidad de que nos escoltaran rumbo al camerino, porque era demasiada la gente que se abalanzaba para felicitar a Julio César.

Los vestidores, aun cuando el acceso era restringido, se encontraban llenos de personas: periodistas, familiares cercanos y amigos. Vicente Fernández, más tranquilo se acercó a felicitar y a platicar con mi hermano. Minutos más tarde tuve que recurrir a seguridad para que desalojaran el lugar y el campeón pudiera bañarse para acudir a la conferencia de prensa que ofrecía Don King.

El Macho Camacho no asistió a la conferencia, lo cual no me llamó la atención, muy probablemente se encontraba en el hospital realizándose estudios para atender su estado físico. En cuanto a Julio, su estado físico se encontraba en perfectas condiciones.

El que nos sorprendió fue Don King, con un regalito que le tenía guardado al Cacho: le entregó las llaves de un auto, pero no era un auto cualquiera, era un Lamborghini Diablo. Automóvil deportivo de lujo que muy pronto se vió en Culiacán, abriendo paso por sus calles a gran velocidad.

Al arribar a la suite del hotel Hilton un fiestón nos esperaba, charolas con comida de distintos platillos, cerveza, vino y la alegría presente con nosotros. El cantante José José y el Piporro estuvieron conviviendo con Julio gran parte de la noche.

Durante la madrugada, entre las tres y cuatro, me llamó la atención que Julio había estado tomando y no lo veía mal, por el contrario, lo veía muy avispado y feliz; pensé: "¿Qué más se le puede pedir a la vida?" En ese instante se me vino a la cabeza los 200,000 dólares de la apuesta.

Con los documentos que firmó Julio y con seguridad del hotel fui al casino a recibir el dinero en efectivo en billetes de cien dólares. En mi habitación guardé las pacas de dólares en una maleta que utilizaba para guardar los aditamentos de boxeo: vendas, plancha, tijeras, Q tips, adrenalina, gasas, toallas, incluso los guantes de Julio.

A Julio le estaban esperando en el aeropuerto con pancartas y la banda. Rumbo a su residencia lo escoltaba una caravana de fanáticos en cientos de autos. La casa de Julio estaba llena de gente y la fiesta siguió.

A la semana realizó un viaje a la Ciudad de México a entregar un regalo especial: Julio le había obsequiado al licenciado Salinas de Gortari los guantes de boxeo que utilizó en la pelea contra Héctor El Macho Camacho.

Del aeropuerto al Palacio Nacional nos tocó vivir una experiencia alucinante, muy emotiva, que me llenó de orgullo por ser hermano de Julio César Chávez: se formaron vallas de miles y miles de personas que se perdían en la lejanía. Al pasar escoltado por la avenida y adicional a la valla humana que estaba formada, las personas seguían saliendo de los negocios y casas para saludar a Julio. Él estaba muy contento e impresionado al ver esa cantidad de personas que le daban la bienvenida al ídolo mexicano y tantas muestras de cariño. La verdad Julio no se imaginaba el tremendo impacto que causaba en el pueblo mexicano hasta ese momento.

Al llegar al Palacio Nacional, el protocolo era que el presidente esperara a sus visitas en su despacho, pero esa vez el licenciado Salinas de Gortari lo esperó en la entrada para recibirlo felizmente con los brazos abiertos.

Julio fue invitado a casi toda la República Mexicana con las personas que tenía compromiso; sin embargo, sólo aceptó las invitaciones que alcanzó a cubrir en diez días, ya que a pesar de que tuvo una pelea de mucho esfuerzo físico, aunado con los meses que tenía sin parar de entrenar, Julio quería volver al gimnasio.

Pasando los diez días de compromisos y fiestas, Julio les hizo una comida a los periodistas en su residencia de Culiacán, Sinaloa:

—Cacho —le dije a mi hermano—, me estaban diciendo aquí los periodistas que todo México miró la pelea, que según paralizaste al país.

—Fíjate que ya me han hecho ese comentario, ahora que anduve de fiestas en distintos estados de la República.

—Julio César —dijo un periodista—. Aquí en Culiacán la gente cerró sus changarros desde temprano y no se hablaba de otra cosa que no fuera de la pelea. Colegas que cubren la nota de otros estados me dicen que lo mismo pasó fuera de Sinaloa y los bares que realizaron el pago por evento les fue de maravilla. Con razón te dieron ese carrito ja, ja, ja...

—No, pos... ¿Hay que festejar no? ¡Salud!

—¡Salud! —brindamos todos.

Durante la comida me daba cuenta que Julio, ni en cuenta con el dinero de la apuesta que le había hecho a Héctor El Macho Camacho. Así que le pregunté:

—Cacho ¿Qué no te acuerdas de un pendiente mío?

—No, ¿qué pendiente?

—De un pendiente que te tengo que entregar.

—No, no sé de qué me hablas, dime...

—Aquí está el dinero de la apuesta que ganaste con El Macho. Ya ni te acordabas.

—Uutta compa; si no me dices, ni me acuerdo, la verdad.

Las pacas de billetes las traía conmigo dentro de una bolsa de plástico. La cual se la puse sobre la mesa con los 200,000 dólares. Julio metió las manos a la bolsa, sacó un fajo de billetes y me los regaló frente a todos los presentes.

La verdad que no esperaba eso. Sé que Julio ni se hubiese acordado del dinero de aquella apuesta, pero siempre fui muy derecho con mi carnal, cómo no lo iba a ser, si él siempre me ayudó, y me ayudó de más.

Cualquier boxeador que estuviera a la mitad de la altura de lo que Julio César había logrado, se daría el lujo de tomar un descanso por varias semanas, incluso por meses, quizás uno que otro que no valora su tiempo, se tomaría hasta un año para realizar su siguiente pelea de título mundial, sin embargo Julio, el terremoto, no paraba y decía: "Si dejo pasar tiempo sin pelear, es dinero que dejo de ganar, dinero que pierdo y no me lo voy a permitir."

Por ello, a pesar de haber tenido una pelea desgastante, al mes, de nueva cuenta Julio volvió a tener un compromiso boxístico contra el estadounidense Bruce Pearson en su Culiacán, Sinaloa.

Un alto funcionario público le pidió de favor a Julio que apoyara al nuevo candidato del PRI a la gubernatura del estado de Sinaloa. A estas alturas de la carrera de mi hermano, no necesitaba quedar bien con nadie. Todos querían un pedazo de Julio César Chávez y él lo sabía. Aun así, el campeón decidió conglomerar a tal multitud que el candidato ni acarreando gente hubiese logrado.

Realizamos un desfile, en uno de los autos convertibles de Julio, para promocionar una pelea donde los medios de comunicación mencionaban la inclinación de Julio hacia el candidato Renato Vega Alvarado.

La función se llevó a cabo en el estadio de la Universidad Autónoma de Sinaloa, donde hubo un lleno total y se transmitió por televisión abierta. El anunciador mencionó al próximo gobernador e hizo hincapié en que impulsaría el deporte. El candidato le agradeció mucho a mi hermano y le dijo que contara con él en todo momento.

En diciembre de 1992, Julio César cerró su año en el hotel Mirage de Las Vegas, Nevada, contra el estadounidense invicto Marty Jakubowski con un récord de 37 peleas profesionales, a quien dejó fuera de combate en el sexto round.

Julio César Chávez reafirma su grandeza en el Azteca

El 20 de febrero de 1993 sería la fecha insólita, Don King apostaría que Julio César Chávez podría conglomerar al mayor número de espectadores de boxeo en un recinto como el Estadio Azteca.

Muchos decían que era un reto casi imposible que el Azteca ocupara apenas tan sólo la mitad de su capacidad, pero Don King sabía que para lograr esa proeza, se requería no solamente del arrastre que indudablemente tenía el campeón mexicano, sino también llevar a un rival que fuera digno y con posibilidades de derrocar a mi hermano del reinado del cual no tenía pensado desprenderse.

Con récord de 32 ganadas y cuatro perdidas, de estilo comercial dentro y fuera del cuadrilátero, el estadounidense oriundo del estado de Washington: Greg Haugen, era el rival idóneo para convertir al Estadio Azteca en el circo romano de la nueva era, en donde El César del boxeo entraría en acción frente a sus millares de fanáticos.

El circo se empezó armar y qué mejor que Don King para montar esas conferencias de prensa donde todos salían más picados que el mismo mar.

En todas ellas hubo mucha rivalidad. A Greg Haugen nunca lo habían noqueado y él decía que sus derrotas habían sido muy polémicas, pero con verdaderos rivales, no con taxistas mal alimentados como los rivales con los que había peleado Julio César. Haugen siempre se portó muy despectivo y los mexicanos le tenían mucho coraje.

Parte de la promoción incluía diversos programas de radio y televisión; pero hay algo que quiero resaltar, se hizo... ¡un entrenamiento público en el barrio bravo de Tepito! Considerado como uno de los barrios más peligrosos de mi país: piratería, asaltos con violencia, asesinatos, violencia y colorido, pues también se distingue por su gente alegre y muy trabajadora.

A Julio ya lo habían invitado en muchísimas ocasiones. Mi hermano acudió gustoso. Lejos de la mala fama del barrio, nos tocó ver su mejor cara, muchísima gente eufórica, con muchas muestras de cariño, gente bien intencionada lo tocaban y se emocionaban. Julio se entregó a sus entrenamientos y al público, seducido por su presencia. Fue algo muy bonito.

Otra de las estrategias de Don King para promocionar el evento fue realizar un entrenamiento público en el estacionamiento del Estadio Azteca; pero a las veinte mil personas que estaban esperando a mi hermano, no nos permitieron llegar fácilmente al lugar; acordonaron donde se encontraba el ring de boxeo, lo custodiadan muchos elementos de seguridad ya que el expresidente Carlos Salinas de Gortari asisitiría al entrenamiento para deleitarse observando los entrenamientos de mi hermano.

Nosotros nos encontrábamos varados, era imposible acelerar el vehículo que nos transportaba por la gente que teníamos al frente. Pensamos que toda esa gente se abriría de nuestro camino rumbo al ring cuando vimos aterrizar el helicóptero presidencial relativamente cerca de nosotros. A pesar de que en esas fechas el licenciado Carlos Salinas de Gortari era muy popular ante el pueblo mexicano por los programas de solidaridad, entre otras cosas; nadie se apartó de la suburban azul en la que nos transportábamos. El mar de gente que rodeaba la camioneta quería ver y tocar a mi hermano, empezaron a presionar tanto, que los elementos de seguridad que rodeaban el vehículo quedaron pegados como calcomanías. Nos empezamos asustar porque el vehículo se comenzó a balancear, tuvimos que salir por las ventanas para subirnos al techo, tal como lo hubiesen hecho unas cucarachas con insecticida. Julio ya en el techo del vehículo calmó a la multitud para que nos abrieran camino.

Finalmente, Julio logró subirse al ring para empezar a realizar su calentamiento, mientras, la gente le gritaba todo tipo de porras y halagos. Después hizo como diez minutos de sombra para iniciar su entrenamiento con sparring.

Al finalizar el primer round, el expresidente Carlos Salinas de Gortari se encontraba de pie a un lado del ring fuertemente custodiado. Se le veía encantado por las habilidades boxísticas del Cacho. De repente, el ocurrente de Julio volteó sonriente a ver al presidente y le dijo:

—¡Súbase presidente! para hacer unos dos rounds.

—No, mi campeón, eso no es lo mío, ja, ja, ja...

Todos los presentes que escucharon le festejaron a mi hermano el reto amistoso que le hizo, en son de broma, al expresidente de la República Mexicana.

A veces íbamos a un centro comercial para salir de la rutina; uno se divertía al ver a la gente emocionada con Julio, él también lo disfrutaba. Mi hermano la hacía de galán, le gustaba salir arreglado y perfumado, se le veía muy bien todo lo que él vestía y como resultado se le veía acompañado por "nuevas amigas" a las que rara vez volvía a ver de nuevo.

Las especulaciones se rompieron el día del magno evento, cuando Julio César Chávez González estableció un récord de asistencia a una pelea de boxeo en Latinoamérica, reclutando en el Estadio Azteca a 132, 274 personas.

Nosotros ya nos encontrábamos en el vestidor cubriendo la mano de Julio con el vendaje reglamentario. Al terminarlo se puso de pie para calentar y soltarse haciendo sombra; la cámara de *Showtime* al encenderse empezó a transmitir las imágenes mediante las pantallas que se encontraban dentro del Estadio Azteca, de repente se escuchó un sonido como si se fuese a derrumbar el estadio, nosotros volteamos a ver el techo y cruzamos las miradas con cierto temor de que aquella estructura colosal nos cayera encima pero en realidad... ¡era la gente que al ver por las pantallas a mi hermano empezaron a golpear el piso de manera continua!

Pancho Arellano Félix ya tenía problemas con la justicia y venía en la bola con nosotros, vestido de etiqueta y con una peluca; no le importó ser visto en televisión a nivel mundial al lado del campeón. Del vestidor al túnel, recorrimos aproximadamente diez minutos caminando, y al entrar a la cancha, todas las personas gritaron al mismo tiempo, era como tener frente a nosotros miles de bocinas a todo volumen, un ruido inverosímil, tremendo. El equipo Chávez lucía anonadado al ver a tanta gente conglomerada en un solo lugar para ver al Cacho.

Mi hermano se encontraba en una encrucijada, con sentimientos encontrados: su sangre hervía por intercambiar metralla, tenía coraje por todo lo que había hablado y despotricado Greg Haugen sobre su intachable carrera, pero a la vez feliz por la respuesta de la gente, por toda esa buena vibra dirigida a su persona. Su adrenalina estaba al tope por el gran compromiso que tenía ante los millones de personas que desde el estadio, bares y casas querían disfrutar del show que había montado Don King.

Al subir al encordado aumentó el bullicio de la gente, en especial cuando mi hermano se dirigió a cada uno de los lados del cuadrilátero y levantó su guante derecho saludando a todas las personas que se encontraban reunidas.

Mijares era uno de los cantantes de moda y fue quien cantó el Himno nacional. Mientras Jimmy Lennon junior fue el encargado de realizar las presentaciones con su estilo singular: "It's show time."

Julio César se encontraba ansioso y se movía como un león enjaulado. Nosotros compartíamos el sentimiento con Julio, sin embargo, el que estaba igual o más alterado, era mi hermano el Borrego, quien le hacía señas al rival y le decía cosas en forma de amenaza.

Cuando ambos se encontraban frente a frente, Greg Haugen lo retaba con una mirada fija de pocos amigos, mientras que el campeón no dejaba de moverse, dando pequeños saltos con la mirada hacia abajo. El réferi Joe Cortez dio las indicaciones, Julio se hechó hacia atrás, para evitar la provocación que sentía de su rival, porque si se mantenía cerca... probablemente Julio no se contendría y empezaría una riña campal antes de lo previsto.

Por reglamento, antes de iniciar el primer asalto ambos boxeadores tienen que chocar los guantes en señal de saludo; Joe Cortez tomó a ambos peleadores de sus muñecas y les pidió que se saludaran, pero Julio de manera violenta hizo su mano hacia atrás, dando pequeños saltos, tomando distancia, golpeándose los guantes con furia. La gente chifló y aplaudió la acción de Julio pero Joe Cortez se dirigió a la esquina del campeón y finalmente chocaron los guantes.

Al sonar la campana ambos peleadores avanzaron con determinación y fue Greg Haugen quien lanzó los primeros golpes sin causar ningún efecto; sin embargo, Julio, al lanzar sus golpes puso mal a su rival y en menos de treinta segundos de dar inicio el primer round, ya se encontraba de rodillas el sorprendido retador para recibir la cuenta de protección. El peleador se incorporó pero sólo para recibir a un furioso Julio César Chávez quien dejó bien claro que era un campeón sólido. La gente en el Azteca gritaba al unísono: "¡México, México, Mexico!" Al sonar la campana, Greg Haugen regresó a su esquina con el rostro ensangrentado.

En los siguientes asaltos Julio trabajó con fuerza el cuerpo de su contrincante, esquivaba golpes de distintas maneras, sus envíos eran notablemente más poderosos por lo que se asemejaba a una bestia atacando a un cordero tratando de defenderse, el nocaut parecía inminente.

Para el quinto episodio, Julio hizo desvanecer a su rival, quien se puso de pie para escuchar la cuenta de protección, una vez incorporado, recibió de nuevo fuertes descargas. Finalmente el réferi detuvo el combate debido a la superioridad de mi hermano.

Los mexicanos se congratularon de la hazaña realizada por el ídolo y todo se volcó en una gran fiesta dentro y fuera del Estadio Azteca.

Julio y Greg se saludaron como buenos deportistas y Julio le dijo:

—¿Verdad que no peleo con puros taxistas?

—Debieron ser taxistas muy duros.

Ambos se echaron a reír dándose un abrazo amistoso.

Para dirigirnos hacia los vestidores duramos casi una hora. Las personas no lo dejaban caminar, aun con los escoltas y todos los demás del equipo Chávez que lo acompañábamos. Y al salir del Estadio Azteca rumbo al hotel Aristos, en la Zona Rosa, fue escoltado por dos motociclistas de tránsito y dos escoltas a nuestro servicio de la guardia presidencial. Las personas que nos veían y venían en sus automóviles, no paraban de saludarnos y de sonar el claxon, muchos de ellos con el distintivo de la cintilla roja colocada en su frente.

Julio César Chávez salió del hotel como un artista, vestido de traje sastre, sin golpes en el rostro y con mucha gente a su alrededor queriendo acaparar su atención, con adulaciones y buenos deseos hacia su persona. Julio caminó hacia el automóvil que lo llevaría a una fiesta en su honor, en el patio de la casa del artista Jorge Muñiz, al que lo acompañaba Alberto Vázquez, Omar Fierro, Verónica Castro, algunos futbolistas famosos del momento y Marco Antonio Solís, quien le improvisó unos versos a mi hermano, donde todos cantaron por separado amenizando una exquisita velada.

Dentro del patio se encontraba una mesa grande para el festín: tacos, vino, cerveza y un ambiente sin igual. Nos retiramos como a las seis de la mañana y nos regresamos al hotel porque a la una de la tarde nos esperaría Culiacán con la tambora.

Sin haber llegado a Culiacán, ya sabíamos lo que nos esperaba: el aeropuerto a reventar, con la banda tocando, caravanas de automóviles, calles casi cerradas por las personas que esperaban a mi hermano y la fiesta que parecía no tener fin. Esto se había convertido en toda una tradición. Y así fue, con la excepción de que al llegar a su residencia en Colinas, se encontró con la sorpresa de un muchacho que Julio había ayudado a erradicarle un tumor. Afortunadamente ya se encontraba sonriente, lleno de vida y con un regalo especial para mi hermano: un cachorro que reposaba en los brazos de aquel joven, pero no era un perrito... ¡era un león!, cachorro, pero león a fin de cuentas, y en honor a la reciente pelea le nombraron Greg Haugen.

Julio tenía un rancho a un lado de la plaza de toros y ahí tenía un terreno con chivos, gallos, gallinas, caballos y varias vacas, pero vacas de las más finas que le había regalado un fanático del boxeo: El Mayo Zambada. Ese rancho era el lugar ideal para que jugara el pequeño felino. Tanto el Junior como su hermano Omar, le abrían la jaula y jugaban con él, como si se tratara de un simple perrito.

Contábamos con una persona que, sin estar capacitada para tratar al felino, le daba de comer; le gustaban mucho los pollos asados. A los pocos meses ya no cabía en la jaula y le tuvimos que hacer una más grande. El rey de la selva llegó a crecer tanto que nos armábamos de valor tan sólo para acercarnos a observar a unos cuantos metros aquel enorme animal, obviamente ya no entrábamos a su jaula. Era un animal sorprendente que ya devoraba de quince a veinte pollos asados... ¡diarios!

Comprar aquella cantidad de pollos asados diariamente no era barato, por lo que nos sugirieron que lo alimentáramos con los órganos de la vaca y así lo hicimos pero... la bestia no quiso ni acercarse a probar la carne cruda. El encargado de la mascota de Julio César limpió el área de la jaula, recogió la ubre, tripas, grasa y sangre de la vaca que recién había rechazado y lo dejó un tiempo sin comer. Aquella bestia se veía inquieta, caminando de un lado a otro y con la mirada fija sobre el que se le acercaba a una distancia prudente. Dos días después, aún sin probar alimento, le lanzamos treinta kilos de un pedazo de vaca, y el instinto salvaje de aquella fiera salió a relucir, desgarrando toda esa carne ensangrentada, pintando el hocico de aquel león impresionante.

Después de un tiempo nos dimos cuenta de que era un peligro tener aquel inmenso animal por lo que decidimos donarlo al zoológico de Culiacán, pero al modo de ciertas autoridades... ¡nos pedían hasta la última carta de Santa Claus para realizar los trámites! Por lo que gracias a la burocracia, optamos por regalarlo a un amigo que tenía un rancho en Culiacán sin tener que realizar ningún trámite.

Y mientras el amor del pueblo mexicano crecía hacia mi hermano, su esposa Amalia empezaba a tener celos de la vida que envolvía a su marido; alejándolo de lo que Julio César más amaba.

Yo me daba cuenta que empezaban los problemas entre ellos porque Julio casi no estaba en Culiacán, vivía entregado al boxeo, él sabía que era la única manera de darle a la familia entera la vida que nunca tuvo y siempre soñó. Además, los mitotes de la farándula; las mujeres que desfilaban por la vida de Julio; la falta de intimidad; la forma en que la vida de El César del boxeo era expuesta por una ventana de cristal, con dimes y diretes... daba como resultado una vida dura para Julio César en cierta forma.

Julio César Chávez busca una cuarta corona

Pernell Whitaker, con una excepcional carrera boxística, campeón profesional y olímpico, presentaba un récord de 37 ganadas con 15 nocauts y sólo una derrota, era de los pocos boxeadores que se habían consagrado como campeón en cuatro divisiones, ostentaba la corona en peso welter avalada por el Consejo Mundial de Boxeo. Mientras que Julio César, con un escalofriante récord para cualquier adversario con 87 peleas ganadas y 75 nocauts, invicto en el terreno profesional, estaba decidido a realizar la proeza de convertirse en el nuevo campeón de la división de las 147 libras (66.700 kilos).

Mientras que los boletos se esfumaban, el estadio Alamodome de San Antonio, Texas, recibía a más gente de lo habitual para asistir al mega evento que organizaba Don King. El ambiente era de lo mejor, sin embargo, existía una gran expectativa sobre esta hazaña que mi hermano estaba por realizar. Nosotros sabíamos que sería una pelea muy difícil para Julio, pero también sabíamos que ganaría como era ya su costumbre.

Faltando días para el evento, Julio mandó a traer de Culiacán a San Antonio, Texas, a su esposa Amalia y a mi esposa Nereyda en un jet privado; aprovecharon para hacer sus compras personales, conocer el lugar y regresar antes de iniciar la pelea.

En esa pelea hubo muchas tentaciones para Julio, los compromisos sociales se le juntaron, tuvo demasiadas invitaciones a restaurantes donde mi hermano no cuidó a conciencia los alimentos que ingería ya que pelearía siete libras arriba de las 140 libras en las que él peleaba.

Julio César se encontraba muy tranquilo y para despejar un poco su mente, me invitó al concierto de Luis Miguel, donde teníamos asientos en primera fila. Faltando dos días para la pelea acudimos. El mega concierto ya había iniciado y se encontraba abarrotado con miles de jovencitas enamoradas de Luis Miguel, quien se encontraba interpretando sus éxitos musicales. Cuando entramos al concierto, a pesar de que el lugar se encontraba con poca luz, las miradas se tornaron hacia el campeón mundial de boxeo y conforme avanzábamos hacia nuestros asientos, cada vez eran más las miradas y los murmullos de los presentes que señalaban a mi hermano como si fuese la atracción del concierto, a tal grado que Luis Miguel dejó de cantar y dijo:

—¡Miren nomás quién viene ahí! Por favor, recibamos como se merece a nuestro gran campeón: ¡Julio César Chávez!

—Muchas gracias, gracias.

La gente se puso de pie y le aplaudieron coreando su nombre: "¡Julio, Julio, Julio...!" En tanto él les sonreía y alzaba su mano derecha saludando a todos para que El Sol continuara con su show. El concierto fue todo un éxito, donde el famoso artista deleitó a todos los presentes con su melodiosa voz.

Al terminar el concierto, Luis Miguel le hizo la invitación a mi hermano para que una vez terminada la pelea acudiera a su casa en Acapulco, donde juntos disfrutarían del yate recién adquirido por el cantante. Julio le agradeció y le dijo que pasando la pelea se ponían de acuerdo.

El día esperado llegó y nos encontrábamos en el camerino.

A Julio se le veía sereno, concentrado, eso nos daba mucha confianza porque era lo que él nos transmitía. Al escuchar la canción con mariachi de "México lindo y querido", salimos hacia el ring y la gente que estaba dentro del estadio, donde no cabía ni un solo alfiler, enloqueció gritando todo tipo de adjetivos positivos hacia mi hermano. A Don King también se le veía muy feliz por la respuesta del público, pues su mina de oro seguía dándole a ganar millones de dólares.

Pernell Whitaker salió de su camerino muy serio a como habitualmente se le veía en otros compromisos, acompañado de su entrenador Lou Duva, con quien de nueva cuenta nos veíamos las caras. Whitaker al dirigirse al ring no causó el mismo efecto que Julio César.

Al encontrarse ambos equipos dentro el encordado, subió al ring una jovencita muy bonita y se postró al lado de Julio, ella llevaba consigo la banda roja emblemática sobre su cabeza. Iniciaron con el Himno nacional mexicano; Michael, mi cuñado, tenía consigo la bandera de México, en eso la jovencita intentó tomar la bandera pero Michael no cedió. Esa jovencita era la cantante mexicana Thalía.

Al iniciar el himno de Estados Unidos, la interpretación fue realizada por un niño hispano que no tenía más de doce años, al terminar el himno con micrófono en mano gritó: "¡Arriba Cháaaaveeeez!" Eso causó gracia y alegría ante todos los seguidores de Julio César.

El anunciador Jimmy Lennon junior dio a conocer que se rompió un récord de asistencia para una pelea de boxeo en San Antonio, Texas; el cual lo ostentaba Mahummed Alí; Julio César reclutó a más de 63,000 espectadores. Todos los presentes no dejaron de aplaudir.

Después de que el réferie dio las indicaciones reglamentarias, ambos chocaron sus guantes y después del campanillazo los millares de aficionados explotaron en un grito de emoción.

Julio César, como era su costumbre, desde un inicio empezó a presionar a Pernell Whitaker, el boxeador evitaba a toda costa mantener a mi hermano cerca, utilizaba el cuadrilátero completo, enviando golpes, principalmente el jab. Los golpes más contundentes venían de parte de Julio César, quien a su vez esquivaba la gran mayoría de los ataques de Pernell Whitaker.

Ambos contendientes se mostraban respeto, sin embargo, conforme pasaban los rounds la experiencia y la elegancia boxística de ambos se desbordó sobre el encordado.

Pernell Whitaker cambió constantemente su estilo difícil y poco ortodoxo, por momentos entraba a la distancia corta, la cual a mi hermano le convenía para atacar como un guerrero al cuerpo y al rostro, pero Whitaker en la mayoría de las veces esquivaba los embates, gracias a sus habilidosos recursos boxísticos. En tanto, El César del boxeo intentó descifrar aquel crucigrama sin perder la cabeza y siempre atacando con potencia.

Ambos peleadores tenían muy buena condición física y presentaron una pelea muy cerrada, muy pareja. Sin embargo, en el séptimo episodio Pernell Whitaker tomó más confianza y se dedicó más a atacar de manera estratégica; su guardia zurda, rapidez e inteligencia eran dosis de veneno para mi hermano, aun cuando no cesaba de mantenerse firme, con la determinación de arrancar el título welter.

A estas alturas de la contienda, el respeto en cuanto a pegada o rapidez de manos había desaparecido en ambos y se vivían momentos explosivos arriba del ring.

Finalmente llegaron a las tarjetas de los jueces donde declararon un empate.

A pesar de que se dividieron las opiniones con base en el resultado, pensé que Julio había ganado, ya que fue Julio quien marcó la pauta durante toda la pelea, dando los golpes más contundentes y buscando siempre presionar al rival para pelear como un guerrero. Sin embargo, al escuchar la decisión de empate lo asumimos con responsabilidad aun cuando no fue lo que esperábamos como resultado final.

Después de la pelea nos fuimos en una limusina y al llegar a la suite del hotel la fiesta comenzó. Julio César platicaba con todos y se le veía normal. Conforme pasaban las horas los invitados se retiraron ya que la atención total de Julio era para una bella cantante juvenil, quien congeniaba con mi hermano y se les veía muy alegres platicando durante toda la noche y parte de la mañana, ya sin compañía.

A escasos días de su pelea, Julio César viajó hacia Acapulco para atender la invitación del artista del momento.

El Sol se convirtió en uno de los mejores anfitriones que ha tenido El César del boxeo. Disfrutaron las hermosas playas mexicanas a bordo del lujoso yate donde se deleitaron con sabrosos manjares de todo tipo.

Julio César Chávez entrena día y noche

Julio César descansó sólo una semana para luego realizar su preparación en el Centro Ceremonial Otomí, pues tenía pactado su siguiente compromiso en noviembre de ese mismo año, en Ciudad Juárez, Chihuahua. Julio mantenía una relación muy bonita con una estrella mexicana que empezaba a brillar en el extranjero. En esta ocasión ella era la invitada especial de mi hermano en el Centro Ceremonial Otomí, en compañía de otra muñequita de Televisa. Durante los entrenamientos, Julio no se distraía con nada, pero al caer la tarde, las carcajadas de mi hermano se escuchaban y rompían el silencio de aquel lugar tan tranquilo, con aquella compañía tan grata hasta caer la noche.

Al siguiente día me ocurrió algo que nunca podré olvidar, ni aun teniendo alzheimer sería capaz de borrar de mi mente ese episodio de mi vida. Como ustedes saben, yo era el encargado de levantar de la cama a mi hermano. Por lo regular cuando iba a su cuarto para avisarle que era hora de ir a correr, él ya se encontraba despierto, pero esa noche yo sabía que en la cama de Julio habían dormido tres y supongo que había entrenado muy duro por la noche, y no precisamente boxeo, por lo que fui a su habitación y toqué su puerta un par de ocasiones, avisándole que ya eran las seis de la mañana, que lo esperaríamos en el automóvil.

Todo el equipo Chávez nos encontrábamos temblando de frío dentro del automóvil esperando a Julio, pasaron cinco minutos y Julio no salía, pasaron diez minutos y seguíamos igual, a los quince minutos fui a tocarle la puerta de su habitación:

—¡Cacho, ya son las 6:15!

—¡Ya voy!

Me esperé tres minutos y llamé a la puerta por segunda ocasión, en ese momento me abrió la puerta una hermosa mujer completamente desnuda... ¡Era simplemente perfecta! Ella, sin ningún pudor, me dijo con su voz angelical: "Ahorita va Julio." Al fondo observé disimuladamente a la otra compañera que se encontraba de espaldas, cubierta hasta la cintura con una sábana blanca que dibujaba su escultural figura. Yo bajé la mirada apenado, nervioso pero emocionado y regresé al automóvil como si flotara por el aire, lleno de felicidad por lo que había visto.

A los pocos meses encendí el televisor desde la comodidad de mi hogar y apareció aquella invitada especial, desfilando por la alfombra roja e inevitablemente me volvían esas maravillosas imágenes que jamás olvidaré.

Todo seguía igual. Julio César se mantenía en los cuernos de la luna, presentándose como el ídolo del momento, con llenos totales en las arenas. En su siguiente compromiso hizo pedazos a su rival, Mike Powell, mandándolo a dormir en el cuarto episodio.

Julio César no tenía pensado cerrar el año sin defender su campeonato que había dejado en las 140 libras. Por lo que volvió a pelear el 18 de diciembre de 1993 en Puebla, México. Contra un peleador invicto con 21 peleas: Andy Holligan; a quien lo despachó en el quinto round. En esa ocasión tuvo muchísimas invitaciones de todo tipo, el gobernador de Puebla realizó un desfile para presentarlo en pro del deporte.

El niño Julio César Chávez, años después
uno de los boxeadores más destacados del boxeo mundial.

Los primeros pasos del gran campeón mexicano,
activo con sus hermanos, Rafael y Rodolfo, en busca de la gloria.

La dinastía de los grandes boxeadores Chávez González
en una misma función de box: un hecho histórico, sin duda.

RODOLFO CHAVEZ.- Arriesga todo por nada (Foto Jorge Félix)

Termina la Temporada de Box

Los Tres Chávez, son Favoritos Esta Noche

No hay de otra, para esta noche los hermanos Julio César, Rafael y Rodolfo Chávez, subirán al ring instalado en el gimnasio del parque Revolución, en calidad de favoritos, en la velada que pondrá punto final a la temporada 19-81, la que como todas, tuvo de todo, bueno y malos ratos.

La función de esta noche, como todas las de fin año, basta y sobre el hecho de que será la de las golondrinas, porque después hasta próximo febrero se tiene proyectado empezar la nueva temporada.

Desde luego, no siempre basta que sea la última función, también que decir mucho el cartel, si es mediocre, la entrada es mala, obviamente porque la afición local ya no pasa las funcioncitas, sólo quiere veladas de postín.

Bien la de esta noche para empezar, será de cuatro estrellas, es decir sólo peleas a 10 asaltos y sólo una a 6, para calentar el ambiente.

De acuerdo al orden del programa la pelea que cerrará la temporada será entre Julio César Chávez y Manuel Topogigio Vázquez. Razones sobran para señalar que será la pelea estrella de estrellas, porque Julio César se convirtió en este año en el novato más consistente, sin hacer tanto ruido ganó todas sus peleas y por la vía del nocaut, muchas de ellas en otras plazas, por eso es que la afición no conoce bien a bien, toda su trayectoria.

Julio César Chávez, es llevado lentamente hacia la cúspide y se calcula que el próximo año, cuando menos debe de disputar el campeonato nacional pluma, es decir está obligado a dar el estirón.

Y para quienes crean que hoy comerá pichón, la verdad es que no habrá tal Topogigio Vázquez es el prototipo del boxeador calador, que hace ver mal al más pintado y puede ganarle a cualquiera en una buena noche, como cuando venció a Pintor, su desventaja son sus frágiles cejas y que Julio César tiene un punch demoledor.

Por eso, no quedamos con el local.

La segunda estrella será entre Rafael Chávez y Héctor Medina, mucho nos tememos que resulte la pelea más corta, al menos que Medina, de plano haya mejorado un cien por ciento, en pocas palabras tal vez resulte la pelea más desnivelada.

En la tercer estrella Rodolfo Chávez, sexto ligero nacional, pondrá en serio peligro su clasificación ante el ponchador y muy espectacular por cierto "Sony Boy" Ramírez, un tapatío que tiene un buen cartel aquí.

Si no se acoplan los estilos pueden navegar los 10 asaltos, de otra manera habrá nocaut y aunque Ramírez, pega fuerte, Chávez coloca mejor sus golpes y eso es tan dañino como tener mucho punch.

En la otra a 10, Marco Antonio Santos, que se había decepcionado del boxeo, vuelve a los encordados seguro de que un fracaso no debe hacer claudicar a nadie, le dará la bienvenida a Tony Villegas, un chamaco local.

Y en la de abrir van Juan Camacho y Manuel Moras, novatos locales.

Rodolfo Chávez, el hermano, el amigo, el compañero leal.

EROS.-Rafael,Rodolfo y Julio César Chávez.- meros,ligeros clasificados nacionalmente y el tercero, el menor de la
res en la dura profesión del boxeo.Los dos pri- dinastía,un prospectazo a quien llaman bien "Mr. Nocaut".(
JUAREZ).

La dinastía Chávez González con amigos y muchos sueños de victoria.

Un joven y valiente Julio César Chávez
dispuesto a enfrentar a quien fuera con
tal de consagrarse en el boxeo.

Rodolfo Chávez, Julio César Chávez y Rafael "El Borrego" Chávez
en plena preparación para un combate.

Tras una infancia de penurias, diversiones y sacrificios,
hasta la adolescencia Julio César Chávez hizo su Primera comunión.

Una pelea más para demostrar su poderío y después...
el campeonato mundial.

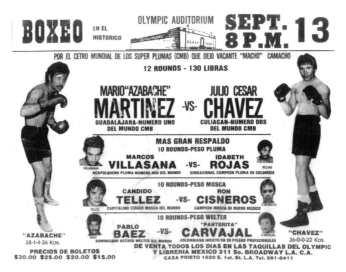

Un joya para los amantes del boxeo: el cartel que anuncia la pelea
donde Julio César Chávez gana su primera corona mundial.

Habla la Feliz Madre del Campeón Mundial

"JC", una Bendición de Dios

* Hoy más que Nunca lo Apoyará
* Mi Hijo Persona Humanitaria
* No se le ha Subido la Fama
* Estoy Satisfecha: Doña Isabel

Por Fausto Castaños SAPIEN

"Creo que Dios ha sido muy generoso conmigo, es una bendición al darme la oportunidad de tener un hijo como Julio César. Su carrera me tiene muy orgullosa, plenamente satisfecha a pesar de que sufro de nervios antes y después de cada una de sus peleas, además me gusta que siga comportándose sencillo con todos, que sea humanitario, que ayude a la gente que verdaderamente lo requiera. Hoy que está en el mejor momento de su trayectoria, le daré todo mi apoyo".

De muy buen gusto, amable, de actitudes sencillas, la señora Isabel González Pineda de Chávez, evidentemente orgullosa expresa las primeras palabras como madre del campeón mundial de la división de los ligeros de la AMB, Julio César Chávez González.

Acompañada de "Mr. Nocaut", de su apoderado Angel Gutiérrez, de sus hijos y su esposo don Rodolfo Chávez, la progenitora del mejor boxeador del año, añade.

"Qué le puedo decir de mi hijo. Posee todas las virtudes, no se le ha subido a la

cabeza el dinero, ni la fama. Sigue siendo una persona sencilla como antes. No me exige nada, al contrario, me ha dado muchas cosas a las que no teníamos acceso. Teníamos limitaciones naturales de una familia numerosa, con once hijos, y aunque mi esposo ganaba bien, a veces nos veíamos ajustados. No me arrepiento, por que siempre hemos sido felices, y ahora que mi "Cachito" es campeón mundial, vivimos desahogadamente".

Con 43 años de edad, 23 de casada y originaria de esta ciudad al igual que su esposo, y progenitora de una familia deportista, principalmente boxeadores –Rodolfo fue cuarto ligero nacional y Rafael primero en esta categoría y ahora Roberto Chávez empieza en minimosca; asienta que al principio de la carrera de Julio César, le sugería que dejara el boxeo, pero por sus mismas facultades, deseo de ayudar en el sostén de la casa, y apoyado por Juan Antonio López, cortó sus estudios en segundo año de preparatoria en la UAS, para dedicarse de lleno al boxeo. Desde entonces lo ha

ayudado a sus hermanos, a todos nosotros, no cambia, cuando está aquí es muy familiar, nos lleva a la playa, al cine, como lo que hacemos aquí, nada especial. Disfrutamos sus peleas en las videos, porque a mí no me gusta verlo en vivo ni directo en televisión para no sufrir nervios. De chico, así fue y no creo que vaya a modificar su conducta. El sabe bien con quien se hace acompañar, afortunadamente el señor Gutiérrez y Daniel Castro me han ayudado a cuidarlo. No voy a impedir que ayude a quien lo necesite", dice plenamente satisfecha por dentro y fuera una de las madres más afortunadas del mundo.

Por último, desea el mejor futuro a su otro hijo boxeador activo, "Robertillo" Chávez, que tiene dos combates en el profesionalismo en minimosca con un empate y una victoria, así como a todas las madrecitas, que tengan un día muy feliz al lado de los suyos.

"El mejor regalo que tendré de Julio César, es que se cuide arriba y abajo del ring, que siga siendo ejemplo de nuestra familia y de México". A mí, ya me dio mucho, y que siga atendiendo ahora a su esposa e hijos".

apoyado, y ahora todo el tiempo que dedicó a jugar futbol, correr y boxear, lo ha premiado con su brillante carrera. Siempre ha sido un gran deportista y fue buen estudiante, pero le gustó más "pelearse".

Ahora -añade-, ya hasta me impuse verlo ganar, me sigue dando satisfacciones, y él decidirá cuando se retire. En lo personal, lo único que me hace sufrir es pensar que le vayan a dar un golpe que lo dañe, pero gracias a Dios nada le ha pasado, esta muy fuerte. "Recordó que las peleas en donde estuve muy nerviosa fue cuando se enfrentó al "Azabache" Martínez y a Edwin Rosario, duré varios días con tensión, pero todo ha pasado. Mi recuperación es más rápida cuando sé que ganó y no lo pasó nada", dijo satisfecha.

Rodeada de comodidades, ahora en una bien acondicionada casa, la señora Isabel González, dice que su vástago, cuarto de la lista, es muy humanitario, ha ayudado a mucha gente que se lo ha solicitado. Una cosa quiero decirle, Julio César, tiene muy pocos amigos, verdaderos, a pesar de que lo buscan de todos lados para invitarlo a muchas partes. Abajo del ring, es sencillo.

"Julio César, a pesar de que ya tiene asegurado su futuro económico, que ha

DOÑA Isabel de Chávez, así trata a su prestigiado hijo "JC". Foto Félix Gil.

ASI ESTARA rodeada de su familia la señora Isabel González de Chávez hoy en su día de las madres. Foto Félix Gil.

EL CAMPEON mundial, orgullo de la familia Chávez González. Foto Félix Gil.

Un reportaje a doña Isabel González, la mamá del gran campeón mexicano.

Con Chucho Castillo, el ex campeón mundial de boxeo mexicano.

Con su hermano Rodolfo y el cantante Antonio de Jesús.

El César del boxeo con otra gran figura mundial:
el extravagante guerrero Héctor "El Macho" Camacho.

El campeón preparándose a conciencia para una batalla más.

Con el cantante Jorge "El Coque" Muñiz,
gran admirador del campeón mexicano.

Celebrando el triunfo de una batalla más
acompañado del promotor excéntrico Don King.

Con el legendario
manager Cristóbal Rosas:
preparador de diversos
campeones mundiales.

Con su primera esposa Amalia, en una fiesta de amigos.

Sus amados hijos: Julio César "El Junior", Omar y Christian.

En una reunión, acompañado de sus hijos Julio César y Omar.

Mike Tyson y El Junior: dos generaciones de boxeadores.

En la Primera comunión de El Junior.

El Junior en sus primeros combates, antes de entrar en acción,
acompañado de "El Travieso" Arce y Rodolfo Chávez.

Actualmente invitado a múltiples foros para hablar
de sus logros boxísticos y combatir las adicciones.

Julio César Chávez con Javier Cubedo
(coautor de este libro, ex boxeador y amigo del campeón).

Javier Cubedo, Julio César Chávez,
El Hijo del Santo y Humberto "La Chiquita" González.

Con sus amadas compañeras de vida: su hija Nicole
y su actual esposa, Myriam Escobar.

El gran campeón mexicano con sus amores:
Myriam, su esposa, y su hija Nicole.

Sin duda, el mejor boxeador que ha dado
México al mundo: Julio César Chávez González.

Cae la corona del rey Julio César Chávez

Julio César ya tenía pactada su defensa que lo acreditaba como campeón del Consejo Mundial de Boxeo para el 29 de enero de 1994.

Después de la pelea en Puebla, Julio solamente descansó una semana para volver al gimnasio, sin embargo, en esta ocasión no quiso concentrarse en Toluca, alejado de todas las tentaciones. Pero en medio de los entrenamientos aparecieron las posadas y las fiestas navideñas, acompañadas del año nuevo. No hace falta decirlo y creo que ustedes se imaginarán cómo fue esa "preparación". Yo me daba cuenta que no se encontraba para nada en su mejor forma y me preocupaba, me inquietaba saber que, quien fuese contra mi hermano, iría esa noche en su mejor forma, ya que era la oportunidad para cualquier peleador de darse a conocer ante el mundo. Pero Julio me decía que Don King le había dicho que era una pelea fácil, que su contrincante no había peleado con nadie de nombre, además venía de cumplir una condena en la cárcel por lo que aquel combate se convertiría como un día de campo para él. La verdad todos nos confiamos ya que no contábamos con la tecnología de hoy día para analizar récords, videos por internet, etcétera.

145

El hotel MGM Grand de Las Vegas, Nevada, recibió a los miles de fanáticos del boxeo que abarrotaron el lugar, como era costumbre en cada una de las presentaciones de Julio.

Cuando el anunciador Jimmy Lennon junior, mencionó el récord del retador me volvieron los nervios, en 51 combates sostenidos, Frankie El Cirujano Randall presentaba sólo dos perdidas y un empate, con 39 nocauts. Además se le veía en muy buen estado físico, muy seguro. Mientras que Julio César también derrochaba seguridad con su impresionante récord boxístico de 89 ganadas, un empate y 77 nocauts.

Durante el primer asalto hubo round de estudio, a pesar de ello, Frankie Randall se mantuvo un poco reservado; pero a partir del segundo round a Julio ya se le veía jalando aire por la boca, sin embargo, no dejaba de presionar y golpear con fuerza, pero su rival empezó a descargar su mano derecha sobre el rostro de Julio acompañado de combinaciones de golpes. La pelea se puso color de hormiga en donde se dieron con todo.

Apenas en el tercer round, debido a su experiencia, Julio se daba momentos para tomar un respiro, esquivando los golpes de su rival y dejando de presionar por momentos. Al llegar a la esquina el Búfalo le reclamó diciéndole que le tenía que tirar más, si no le iban a faltar al respeto. Por lo que en su cuarto round salió más agresivo y logró conectar en varias ocasiones al Cirujano, dejando claro quién era el campeón.

En el siguiente round continuaron las hostilidades, en el sexto Julio continuó presionando y golpeando a Frankie Randall, que respondió de igual manera para que el público enloqueciera, poniéndose de pie desde sus butacas.

En el séptimo round el réferie Richard Steele le bajó un punto a Julio por un golpe bajo no intencional, por lo que ese round se nos fue aun cuando Julio continuó presionando y ofreciendo un gran espectáculo.

Los siguientes rounds Julio ya peleaba con una cortada en el puente de la nariz, nada de que alarmarse. Lo que yo estaba sorprendido era cómo sobrellevaba los rounds sin una preparación adecuada y manejando un buen ritmo de pelea. Sin embargo, Julio ya estaba molesto; cuando el Búfalo le atiendió la herida del puente de la nariz, Julio le empujó la mano con el guante e inmediatamente el Búfalo le dijo que lo dejara trabajar; por mi parte, al momento de poner la vaselina en el rostro, sin querer le tallé un ojo y Julio se levantó molesto diciendo malas palabras por la misma presión de la pelea.

En el onceavo round, Richard Steele le volvió a quitar a Julio otro punto por los mismos motivos, por lo que perdió la posibilidad de ganar ese round. Julio se enfadó y fue en busca del nocaut para salvar el reinado, pero faltando menos de treinta segundos para finalizar el round, se presentó la peligrosa mano derecha de Randall para que a mi hermano, por primera vez en su carrera, lo derribaran de un golpe. Todos los presentes, y yo, no podíamos creer lo que estaba ocurriendo, simplemente no dábamos crédito... ¿Mi hermano recibiendo la cuenta de protección?

Se reincorporó y supo sobrellevar los pocos segundos que quedaban de combate para finalizar el round.

En el último asalto trató de buscar el nocaut a toda costa, con la mentalidad triunfadora que siempre caracterizó a mi hermano, pero faltó condición para detener a un Frankie Randall que evadía el intercambio de golpes.

Finalmente llegó la decisión donde uno de los jueces vio ganar a Julio César, pero no fue suficiente para retener el título,...

Y mientras el nuevo campeón festejaba su nuevo reinado, la mirada triste de mi hermano, desconcertada, lo decía todo... en todo el equipo Chávez se respiraba un terrible sentimiento de dolor y tristeza. Durante la entrevista, Julio César arremetió contra el Consejo Mundial de Boxeo y exigió una revancha. Mencionó que estaba en shock con lo ocurrido y que Richard Steele (el que años atrás había sido su salvador contra Meldrick Taylor) la traía en su contra y quería que perdiera de alguna manera. Y amenazó con interponer una demanda ante la Corte contra el réferi a quien le mandó decir por la televisión: "Richard Steele eres... ¡eres un fuck you!"

Con los ánimos por los suelos llegamos a la habitación en compañía de Julio, no sabíamos cómo actuar. A mí me pesó mucho que Julio haya perdido porque yo no estaba preparado para eso.

Parecía un velorio con tantas caras desencajadas, algunos hasta llorando; nos encontrábamos realmente tristes. En eso alguien del cuarto dijo: "No hay que agüitarse... ¡Salud!" Y empezamos a tomar.

Al siguiente día, al subir al avión para dirigirnos a Culiacán, sobre el asiento del avión estaba un periódico que decía: "Perdió el PRI, se cayó el avión Concord, perdió Julio César Chávez, ¡Qué más podemos esperar!" Ahí me di cuenta del enorme impacto y la gran responsabilidad de Julio César como líder de la gran mayoría de los hispanos.

Al llegar a Culiacán la gente lo recibió en el aeropuerto con la banda, que tanto le gustaba a Julio y con muestras de solidaridad por parte de su público, sin embargo, mi hermano quería estar solo en su residencia y descansar de todo. Y así fue, al llegar a su casa se metió en su habitación, pero afuera de su ventana se escuchaba mucho ruido y personas que gritaban toda clase de adulaciones y muestras de cariño hacia mi hermano. Me dirigí hacia la recamara del Cacho y le dije que se asomara por el balcón de su cuarto; al hacerlo se sorprendió al ver la calle repleta de personas como si fuese una feria al aire libre. Salió al balcón y la gente empezó a saludarlo y continuaron dándole ánimos. Julio no pudo más y se quebró de la emoción echándose a llorar, a todos los que estábamos con él nos invadió ese sentimiento con lágrimas en el rostro.

Julio César Chávez enfrenta dos revanchas continuas

Después de la derrota, que fue una lección muy dura. Julio y nosotros como equipo recapacitamos. Hubo exceso de confianza y no se preparó al 100 % debido al poco tiempo que tuvo.

Julio César tenía una espina clavada en el corazón que no lo dejaba respirar y esperaba con ansias su merecida revancha. En esta ocasión había agregado a su equipo de trabajo al entrenador Emanuel Steward, de quien se decía era muy buen estratega y buen preparador físico. Esta vez Julio César se entregaría en cuerpo y alma a su preparación por lo que descansó no más de tres semanas para volver a sus entrenamientos y dedicarse a conciencia.

Antes de realizar su concentración en el Centro Ceremonial Otomí, Julio recibió una invitación por parte del expresidente, el licenciado Salinas de Gortari, para que apoyara al nuevo candidato del PRI a la presidencia de la República Mexicana, el doctor Ernesto Zedillo, en la ciudad de Mazatlán, Sinaloa.

Ante la presencia de miles de personas que se daban cita en el malecón, se encontraba montado un templete donde el candidato del PRI hacía lo posible por ganar la confianza de la gente, Pero cuando Julio César subió, parecía que los votos se los llevaría él. La gente lo vitoreaba y le aplaudía. Ernesto Zedillo le levantó la mano a mi hermano en señal de victoria y gritaban: "¡Vamos a ganar! ¡vamos a ganar!"

A los pocos días se iniciaron las conferencias de prensa. Frankie El Cirujano Randall, a comparación de muchos otros rivales de Julio, se comportó a la altura, con mucho respeto hacia mi hermano a pesar de que ahora Frankie era el campeón, sin embargo, el que había alcanzado la gloria era mi hermano: Julio César Chávez González.

7 de mayo de 1994: en esta ocasión Julio César se presentó al ring con el rostro sin rasurar, eso le daba un aspecto más duro. La gente lo ovacionaba y mi hermano absorbía esa vitamina.

Ambos peleadores lucían muy seguros y cada quien en su esquina continuaba calentando con ejercicios de estiramiento y lanzando golpes al aire.

Jimmy Lennon junior presentó a Julio César Chávez como retador al título, sin embargo, le dio el adjetivo de "el gran campeón mexicano".

La pelea dio inicio sin round de estudio, ambos se enfrascaron en una pelea brava con fuertes intercambios de golpes, donde Julio era quien sacaba ligeramente la mejor parte. Pero en el segundo asalto, Frankie Randall volvió a colocar su peligrosa mano derecha de manera violenta sobre el mentón de mi hermano, haciendo desvanecer su guardia, mientras sus piernas se le hacían de chicle a punto de derribarlo, pero Julio gracias a su preparación y determinación se lanzó sobre Randall y éste a su vez se lanzó sobre Julio convirtiendo la pelea en una verdadera guerra en el MGM Grand.

Al siguiente round Julio se recuperó y nosotros desde la esquina lo enviamos a pelear cuerpo a cuerpo sin que le diera distancia, Julio así lo hizo, empezando a echar a perder la estrategia del Cirujano Randall.

En el cuarto round Julio trabajó muy bien su clásico gancho al hígado, además hizo gala de su movimiento de cintura esquivando los envíos de Randall y empezó a boxear de manera muy técnica, lo que llamó la atención entre los comentaristas de televisión porque siempre lo habían visto fajarse cuerpo a cuerpo.

En los siguientes rounds se mantuvieron los dos lanzando golpes con mucha fuerza, realizando una pelea muy cerrada, en donde Julio sacó ligeramente la mejor parte.

En el octavo episodio se presentó un desafortunado cabezazo por parte de Frankie Randall hacia mi hermano. Julio César por primera vez en su carrera presentó un corte considerable en la frente, donde el médico de ring, le aconsejó al réferie Mills Lane detener el combate. A Frankie Randall se le amonestó con un punto.

La controversia y angustia por saber el resultado final se hacía presente en la arena del MGM Grand. Don José Sulaimán y su hijo Mauricio, al igual que Don King, se mantenían cerca de su amigo fiel, Julio César Chávez. Sus hijos, Julio César junior y Omar, también acompañaban a mi hermano.

Finalmente dieron una decisión dividida a favor de Julio César. Frankie Randall bajó inmediatamente del ring en compañía de su equipo, literalmente corriendo hacia el camerino. Mientras todos los demás festejábamos el cinturón que Julio dejó prestado por unos meses. Frente a los micrófonos Julio César mencionó que le dedicaba la pelea al licenciado Luis Donaldo Colosio Murrieta (candidato a la presidencia de México por el PRI, hasta el día en que fue asesinado, el 23 de marzo de 1994): "Gracias porque me dio un gran apoyo desde allá arriba, que en paz descanse... Se me fue Colosio... pero queda Zedillo que va para adelante."

Después de recuperar el título, todo el equipo nos encontrábamos más que felices. En esa cartelera pelearon varias luminarias del boxeo: Terry Norris, Finito López, Azumah Nelson, Meldrick Taylor y Julian Jackson. Por lo que Don King organizó una fiesta adonde acudieron varios invitados especiales de la farándula y la gran estrella era Julio César Chávez.

Al siguiente día nos regresamos en un avión particular, Julio quería hacer una visita a la familia y a la tumba del excandidato Luis Donaldo Colosio, a quien pocas semanas atrás habían asesinado en Lomas Taurinas, en la ciudad de Tijuana. Mi hermano hizo entrega de los guantes de boxeo con los que recuperó el campeonato y un pants deportivo que mandó a hacer antes del fatal suceso, y frente a millares de personas que festejaban su reciente triunfo, le agradecieron el gesto que tuvo hacia el mártir de Magdalena de Kino, Sonora.

Ese mismo día en el al aeropuerto de Culiacán se veían a miles y miles de personas que festejaban el triunfo de mi hermano. A Julio le motivó bastante haber recuperado su cinturón que lo acreditaba como el campeón absoluto del CMB.

Cuatro meses después vino otra gran revancha en contra de Meldrick Taylor. La cita era en el hotel MGM de Las Vegas, Nevada; allí las apuestas favorecían a mi hermano. Sin embargo, nosotros como equipo recordábamos los episodios de la pelea anterior que había sostenido contra Julio y teníamos cierta preocupación, como era de suponerse.

Yo no había tenido la oportunidad de ver en persona a Meldrick Taylor después de aquella batalla épica, me llamó la atención escucharle hablar, notaba que arrastraba la lengua como si estuviese ebrio, pero no, seguramente eran las secuelas de la guerra sostenida con mi hermano.

Por parte de nosotros, veníamos de cerrar una buena preparación y con la confianza por los cielos, eso nos daba más seguridad. El MGM Grand se encontraba de nuevo a reventar, producto de una muy buena cartelera montada por Don King.

Cuando mi hermano abandonó el camerino, la gente empezó a gritar y aplaudir animándolo, buscando captar su atención. Él no mostraba sus sentimientos pero conociéndolo, tenía una mezcla de mucha adrenalina y emoción por tanta gente que le hacía saber que estaban con él de manera incondicional.

Al iniciar el primer asalto, ambos peleadores lanzaron sus primeros golpes sin hacer ningún efecto, los dos esquivaban los embates del contrario, en especial Julio, quien a su vez atacaba.

Para el segundo asalto los golpes de mi hermano empezaron a entrar al cuerpo de Taylor que de manera valiente buscaba arrebatar la corona de mi hermano.

En el tercer round me di cuenta de que Meldrick Taylor era un retador digno al título, pero ya no se le veía como aquel joven invicto fuera de serie, que estuvo a punto de arrebatarnos el campeonato del mundo. Sabía que, conforme pasara la pelea, nos veríamos favorecidos. En ese round golpeó abajo del cinturón a mi hermano, por lo que le quitaron un punto. Al terminar el round, Julio dio media vuelta para regresar a su esquina, pero Taylor golpeó a mi hermano, por lo que Julio se volvió contra él, pero el réferi Mills, lo detuvo. La gente se puso de pie y se calentó, haciendo vibrar la arena del MGM Grand.

Los siguientes rounds fueron muy parejos, parecía que Taylor tomaba un segundo aire, hasta que en el sexto round Julio volvió a recibir otro golpe bajo, el réferie detuvo la pelea para que se recuperara, sin embargo, el campeón del mundo decidió continuar, enfrascados en una pelea de toma y daca donde la mejor parte la sacaba mi hermano.

En el séptimo round mi hermano continó presionando y lanzando golpes con mucha fuerza. Y fue hasta el octavo round cuando se enfrascaron de nuevo: al querer salir Meldrick de la distancia de mi hermano, se encontró con un poderoso gancho de izquierda que lo hizo trastabillar haciendo imposible que se sostuviera en pie, lanzándolo hacia la lona. Taylor se reincorporó después de recibir la cuenta de protección, pero su mirada se veía perdida. Julio se lanzó sobre él con potentes golpes al rostro y al cuerpo para que el réferi detuviera el combate de manera definitiva.

Julio César corrió hacia una esquina brincando para pisar las cuerdas y levantar sus brazos al aire en símbolo de victoria. La gente enloqueció de felicidad, rindiéndole pleitesía al rey de la noche.

Las gasolineras de J.C.

Fue en una de nuestras visitas a la ciudad de Los Ángeles, California, fuimos a una gasolinera y de pronto, de manera inesperada, se acercó una mujer muy bella y nos preguntó cuántos litros de gasolina queríamos. Volteé a ver a mi hermano y me sonrió pensando que era una especie de broma para acercarse a él, por lo que yo le seguí el juego y le dije que llenara el vehículo, la mujer colocó la manguera de la bomba de gasolina y empezó a llenar el auto para después limpiar el parabrisas. En eso se estacionó otro automóvil y otra mujer lo atendió. Nos dimos cuenta que era una gasolinera donde las mujeres eran las que despachaban. Julio me dijo: "Imagínate esto en Culiacán."

Julio tuvo la visión y se hizo de unas gasolineras con la franquicia de PEMEX y mandó hacer un anuncio donde decía: "Servicios JC." Las personas que llegaban de otras ciudades o de distintos países se bajaban para tomarse la fotografía del recuerdo. Teníamos muchísima clientela, con muy buen servicio y mujeres muy bonitas de Culiacán. Julio quería uniformarlas con unos *shortcitos*, pero el reglamento de la franquicia se lo impedía así que mandamos a entallarles los uniformes, parecían de lycra.

Julio César en muchas ocaciones se paró frente a las gasolineras a recibir a los clientes quienes le pedían autógrafos o fotografías, parecía una fiesta con tanta gente sonriente y tantos automóviles haciendo fila en el nuevo y exitoso negocio de mi hermano.

Antes de abrir las gasolineras, Julio me comentó que necesitaba a alguien de confianza y me pidió que le ayudara con ello. Por lo que de inmediato me fui a tomar un curso administrativo y me coordiné con un contador.

Todo marchaba bien, hasta que a mi hermano se le hizo de lo más fácil sacarles dinero a las gasolineras como si fuesen un cochinito de ahorros para satisfacer cualquier antojo a cualquier hora. De cierta manera lo entendía, pues al fin y al cabo era su gasolinera, pero requería de un orden.

Cuando Julio se encontraba en Culiacán, por lo general tomaba de más y a cualquier hora me llamaba por teléfono y me pedía que le mandara equis cantidad de dinero, al siguiente día era lo mismo y a las pocas horas de haberle mandado el dinero, me mandaba algún mensajero para que le enviara dinero de nuevo. Obviamente yo no se lo mandaba, pues no sabía si era cierto o no, y mi hermano se molestaba bastante. Le aconsejaba que teníamos que ser más conservadores, mantener un orden, le sugería que me hiciera llegar un formato firmado; entonces Julio me enviaba escritos en papeles informales y en varias ocasiones hasta en servilletas, me pedía que le mandara 100,000 pesos o 150,000 pesos y así distintas cantidades.

A la hora de las cuentas, Julio no recordaba la mayoría de las veces que él me pedía que le diera dinero, ni los papelitos enviados y las servilletas firmadas; en muchas ocasiones me decía que no era su firma. Era un desmadre muy extenuante para mí. Julio sabía que yo no sería capaz de tomarle un solo peso; por eso no me gustaba que dudara de mi lealtad.

Entre el saqueo constante, el negocio dejó de serlo, por lo que optó por venderlas. Fue una decisión inteligente, mi hermano tenía que seguir dedicándose al boxeo.

Más anécdotas alrededor de Julio César Chávez

Julio César y yo por lo regular siempre andábamos juntos. Después de una pelea nos separábamos por unos días, ya que Julio siempre estaba activo (hablando boxísticamente). Y yo aprovechaba para convivir con mi familia y así disfrutarlos.

En cuanto a Julio, también trataba de estar con su familia, aun cuando Omar y el Junior lo acompañaban en casi todas las peleas; eso le llenaba de energía. Ansiaba pasar más horas con sus hijos, pero ya no era dueño de su tiempo, al haberse convertido en una de las figuras más reconocidas y queridas del planeta, las citas eran interminables.

Julio César era un padre muy cariñoso, intentaba estar con su familia la mayor parte del tiempo, además era muy dadivoso con sus hijos. Recuerdo que les daba pacas de dinero para que compraran lo que ellos quisieran.

Una vez en Las Vegas, ingresaron los niños a una tienda de magia. Ya se imaginarán, querían todo, y así fue. Llegaron a Culiacán con todos los implementos para realizar trucos de aficionados que se puedan imaginar, como si se fueran a dedicar a ello. Pero como la mayoría de sus juguetes, terminaban en el mismo lugar: olvidados en el baúl de los recuerdos.

El amor que le tenía a sus hijos y la droga que consumía, le producían a Julio una fuerte paranoia, quería mantener a sus hijos en una burbuja de cristal para que nada les pasara. Por ello los quería mantener siempre a su lado, y en ocasiones, según cuenta el Junior, duraban hasta 25 días sin salir de su casa, era una verdadera jaula de oro.

El ambiente que se vivía en esa casa empezaba a afectar a los niños. Las constantes discusiones entre los padres formaban un entorno de mucha tensión. Mientras tanto, Cacho continuaba con una estrecha relación con el mundo de la farándula: conductores de programas, con los cantantes más famosos del momento y en especial con las actrices más cotizadas, siendo éstas seducidas por la personalidad de mi hermano.

En cuanto a la carrera de mi hermano, tres meses después de su última pelea ante Meldrick Taylor, Julio César se presentó en Monterrey, Nuevo León. Expuso su título de campeón del mundo contra Tony López, con 45 ganadas, cuatro perdidas y un empate. El lugar se desbordaba de fanáticos donde Julio hizo presente su eminente nocaut en el décimo asalto.

En 1995 realizó tres peleas con llenos totales:

1.- Giovanni Parisi (29 ganadas y una derrota), a quien le ganó por decisión en el round 12 en las Vegas, Nevada.
2.- Craig Houk (51 ganadas y 23 derrotas), a quien aplastó en el primer episodio en Chicago, Illinois.
3.- David Kamau (26 ganadas, invicto), a quien le ganó por decisión en el doceavo asalto en Las Vegas, Nevada.

Julio César, con los millones de dólares que tenía, no se había dado el tiempo para disfrutarlo con su familia. Era justo que se tomara un des-

canso, por lo que se fue a viajar con sus hijos y su esposa a distintos países de Europa.

Cuando se encontraba en Italia, dijo que quería ir a Roma para ver al
Papa Juan Pablo II. Se le preguntó si quería ir a una misa oficiada por el Papa
y Julio respondió:

—No, no quiero ir nomás a misa ¡Y luego hasta atrás, ya me imagino!
Quiero ver al Papa de frente, quiero que me reciba en el Vaticano, en privado. Hablen con quien tengan que hablar, quiero ver al Papa.

Y así fue, se hicieron los arreglos necesarios y se hablaron con las
altas esferas para que se realizaran las peticiones del Cacho.

Su santidad, el Papa Juan Pablo II, lo recibió con mucho afecto:

—Bienvenido Julio César, es un honor para mí que me honres con
tu visita, hijo.

—El honor es para mí —Julio le dio un fuerte abrazo— ¿Y cómo le
digo? ¿Señor, Papa, su santidad...?

—Me puedes llamar Juan Pablo ¿Sabes? Me encantan tus peleas,
eres un digno representante de tu deporte y de tu país.

—¿A poco sí las ve?

—Me he levantado más temprano de lo habitual para verlas.

—¿En serio? —preguntó Julio con una gran sonrisa—. Oiga, está
bien bonito todo aquí ¿Puedo ver su recámara?

El papa Juan Pablo un poco confundido le respondió:

—Claro que sí, hijo. Por aquí.

Al llegar a la recámara Julio sonrió y observó todo alrededor y le dijo:

—Voy a pasar al baño.

Julio entró al baño principal del Papa, y volteó al techo...

—Discúlpame Diosito —se dijo entre dientes—, perdóname.

Mi hermano sacó de su pantalón un papel que envolvía cocaína, la
distribuyó sobre el mármol del lavabo para después inhalarlo; dejando
completamente limpia el área del lavamanos, Julio jaló la palanca del
excusado para que pensaran que entró al baño por otra cosa.

Volvió con Juan Pablo II y pasaron a otro recinto del Vaticano, donde reciben a las visitas; en ese lugar Juan Pablo le dijo que estaba orgulloso de la carrera que había hecho como boxeador y le dio su bendición.

En Paris, Alemania, Inglaterra y muchos otros países que recorrió por un lapso aproximado de un mes, Julio César Chávez era reconocido y adulado. Su carisma y fama se había expandido de tal manera que le era imposible pasar desapercibido. Los atractivos del museo de Louvre, la torre Eiffel, el Big Ben y muchos lugares más, eran opacados con la presencia de Julio César, ante las miles de personas que se le acercaban como el atractivo principal.

A su regreso, mi hermano venía muy contento; sin embargo, debido a que no estaba concentrado para una pelea, los compromisos sociales y las fiestas interminables, eran veneno puro. Esto afectó terriblemente la relación con su mujer que ya se veía deteriorada.

Al poco tiempo, como era de esperarse, su esposa Amalia tramitó el divorcio para separarse definitivamente de mi hermano. Consiguió una orden del juez en donde ella recibió la patria potestad de los niños. Argumentó que ya no soportaba más los maltratos de Julio. Todo producto del alcohol y la cocaína.

Julio no supo valorar a su mujer, quien siempre estuvo al cuidado de sus tres hijos y de él. Lo que más le dolió a Julio fue la desintegración de su familia; conforme pasaba el tiempo sin ellos, más le atormentaba.

Julio tenía dos días sin dormir y quería ver a sus hijos. No sé exactamente si Amalia no quería que los niños lo vieran en esas condiciones. Pero el caso es que mi hermano salió de la casa muy alterado en su auto deportivo y al poco tiempo llegó con Omarcito y el Junior.

De repente se escucharon muchas patrullas afuera de su residencia y a través de un alta voz, le llamaron para que saliera con los niños.

Era un desplegado policiaco donde parecía una redada contra el más buscado de México, debido al número de patrullas que rodeaban la residencia en Colinas. Mi hermano, fuera de sí, quería salir a enfrentarlos. Y por más que se le decía que se quedara adentro no entró en razón.

Mientras, los niños lloraban porque no sabían qué pasaba exactamente; Omarcito llevaba consigo una pistola de plástico con la que jugaba a los vaqueros, Julio se la arrebató y se la fajó en el pantalón por la parte de enfrente, ocultándola con su camisa desfajada.

Mi hermano abrió la puerta de fierro que daba a la calle y salió a la banqueta gritándoles a los uniformados:

—¡Qué chingados quieren! ¿Qué no me pueden dejar en paz?

—Julio —dijo un policía—, venimos por los niños para entregárselos a su mamá.

—¿Qué, están pendejos o qué? Yo soy su papá y tengo el derecho de que estén conmigo y aquí se van a quedar ¿Cómo la ven?

Algunos policías avanzaron hacia la puerta, en eso Julio se alzó la camisa para mostrar el arma de juguete. La policía seguramente pensó que se trataba de una pistola real e inmediatamente se detuvieron y desenfundaron sus armas apuntando hacia mi hermano. Julio empuñó el arma de juguete y se las aventó a los policías, la cual se estrelló contra el pavimento de la calle y se partió en pedazos.

—¡A ver, cabrones, hijos de su chingada madre, déjense venir, aquí los voy a recibir a chingazos. Ojalá y un día se encuentren en mi situación cabrones y les quieran arrebatar a sus hijos para ver si no estarían dispuestos a dar su vida antes de que se los quiten!

No sé si a mi hermano lo vieron con la determinación de morirse luchando antes de que se llevaran a sus hijos, o si les movió el corazón ver el alma desnuda y encolerizada de mi hermano, o simplemente no se atrevieron a ir en contra del patrimonio más grande que tenía Culiacán, Sinaloa. Pero como si las palabras de Julio fueran órdenes de un alto mando policiaco, se fueron retirando, dejando al Cacho con sus amados hijos.

A unos cuantos minutos que los policías se retiraron del lugar de los hechos, mi hermano reaccionó favorablemente, sabía que lo mejor para los niños era estar al lado de su madre, por lo que con el dolor de su alma y con el inmenso amor hacia sus hijos, voluntariamente fue a dejarlos con su exmujer.

Ese día fue muy negro en la vida de Julio, quien afirmó haber visto al mismo demonio en la puerta de su casa, mientras todo aquello sucedía.

En la casa de Colinas no sólo se daban discusiones familiares, también de tipo laboral. Recuerdo que en una ocasión en casa del Cacho, Fer, el promotor de boxeo, se encontraba con él cuando inesperadamente empecé a escuchar al Cacho gritarle todo tipo de groserías. Llegué corriendo a ver qué sucedía y vi a mi hermano que le salía espuma por la boca del coraje. Julio lo quería golpear e intercedí, abrazando a Fer para bajarlo por las escaleras, mientras Julio lo amagaba y amenazaba diciéndole que lo iba a mandar levantar (así se dice por lo general entre sicarios cuando se quiere apresar a una persona, torturarla o darle muerte). En realidad mi hermano jamás haría algo así, se lo dijo para sacarle un susto. Sin embargo, Fer contrató seguridad privada. El susto nadie se lo quitó.

Yo no pregunté qué es lo que había ocurrido. Pero siempre era lo mismo: cuestiones de dinero. Julio se quejaba de que le pagaban muy poco y a veces tenían que pasar meses para que le finiquitaran. Fer se disculpaba y buscaba mil justificaciones pero ya no le creíamos.

Años atrás, en la ciudad de Tijuana, Julio César se encontraba en casa de Esteban Virgen, y Fer era un pequeño promotor que iniciaba en el negocio del boxeo; como tenía amistad con el dueño de la casa, le pidió que le avisara el día que Julio llegara, para presentárselo. Y así fue, cuando llamaron a la puerta me avisaron que buscaban a Julio César y el Cacho me pidió que lo atendiera.

Cuando lo conocí era una persona sencilla y carismática; me pedía que le ayudara a conseguir una reunión con Julio, adulándolo a más no poder y me decía que si el campeón estaba ocupado, que lo entendía y lo esperaría hasta que pudiera atenderlo. A mí me daba un poco de pena ajena, porque pasaron más de dos horas y a Julio no le interesaba atenderlo. Esto se repitió en distintas ocaciones. Fer trataba de cazar a Julio en distintos lugares para hablar con él. Obviamente él no era nadie en el mundo del boxeo y mucho menos estaba al nivel en el que se movía mi hermano.

"Yo te voy a mandar a Culiacán a los peleadores que firme para que tú me los entrenes Rodolfo, necesito que me ayudes con ellos." Era una de tantas promesas que me hizo con tal de que le presentara a El César del boxeo.

Yo confiado en lo que me decía, hice mi labor con Julio, para que me hiciera el favor de tomarse un tiempo para escucharlo, y así fue. Como resultado, Julio continuaba con su promotor Bob Arum, pero Fer estaba ya dentro de las negociaciones y en el destino de la carrera del mejor peleador que ha dado México.

Fer se benefició bastante y creció en gran medida gracias a las puertas que se le abrían por el nombre de Julio César Chávez y que bien supo aprovechar.

En otra ocasión me enteré de que detuvieron el vehículo en el que viajaba mi hermano en Las Vegas, Nevada, por una infracción de tránsito, Julio no andaba del todo bien y llevaba en el asiento una bolsa con cocaína. Los policías, al acercarse a la puerta del vehículo, claramente notaron la droga, pero también se sorprendieron al ver que era el mismo Julio César Chávez.

Se pudo haber realizado un arresto de inmediato y hacer un gran escándalo; pero una vez más mi hermano era protegido por su ángel, los policías estadounidenses se hicieron de la vista gorda dejándolo ir.

Al día siguiente, tomamos el ascensor para dirigirnos al lobby de la suite que le habían asignado a Julio en el majestuoso hotel Caesars Palace. Al abrirse las puertas nos encontramos con un gran cantante y compositor que se encontraba hospedado en el mismo hotel, quien daría varios conciertos. Se trataba de Juan Gabriel, quien al ver a Julio le dijo:

—¡Julio César, campeón! —mi hermano le tendió la mano y Juan Gabriel quedó sorprendido cuando, con mucho respeto, lo saludó con sus dos manos— ¡Qué bárbaro! ¿Cómo unas manos tan pequeñas pueden hacer tanto daño?

—Ja, ja, ja, ja, ja... pos entrenando muy duro, ja, ja, ja, ja...

Desde ese momento hicieron una buena amistad. Incluso, meses más tarde, Juan Gabriel se presentó en Culiacán, y cuando el Cacho se enteró, mandó por el Divo de Juárez al aeropuerto en una de sus limusinas, misma que puso a disposición de Juan Gabriel durante su estancia. Juan Gabriel quedó más que agradecido por el gesto desinteresado de Julio.

Julio César había adquirido un departamento muy grande en la Ciudad de México. Lugar que por lo general se encontraba vacío, debido a la constante actividad boxística del campeón. Eso sí, cuando él se presentaba en el departamento, en el décimo piso de un edificio de San Ángel Inn, hacía temblar el depa con las fiestas y las reuniones realizadas. Los vecinos soportaban aquellas noches de ruido y no se quejaban por tratarse del ídolo mexicano.

Las peleas de boxeo que Julio realizaba en territorio nacional, eran transmitidas por televisión abierta mediante Televisa. La empresa promocionaba todo tipo de anuncios publicitarios, generándole jugosas ganancias, gracias al tremendo rating generado por la leyenda. Por ello, el presidente de la compañía, Emilio Azcárraga Milmo le tenía un afecto especial, además de la admiración que le generaba. A menudo platicaban y se les veía juntos caminando por los pasillos de Televisa. Por eso también Julio tenía a muchas amigas incondicionales de la mencionada empresa e influyó en la carrera de varias de ellas.

Una vez estábamos en Toluca en un hotel y llegó Lucerito buscando a Julio y estuvieron toda la tarde platicando. Lo mismo con Lorena Herrera, con quien mantenía una bonita amistad. Verónica Castro y su hijo Christian Castro le tenían mucho afecto a mi hermano.

Stallone, un fanático del boxeo y seguidor fiel de las peleas de Julio César, se acercó a mi hermano diciéndole que estaba muy interesado en hacer una película sobre su vida, pero mi hermano no se daba el tiempo para sentarse y programar una reunión y darle seguimiento.

Julio César generaba millones de dólares a través de sus peleas y tenía un poder sobre las masas que había adquirido sin haberlo buscado. Continuaba recibiendo ostentosos regalos de parte de todo tipo de admiradores. El impacto que causaba a su alrededor se había salido de control, era algo que no se puede describir, era como si Dios lo hubiese tocado convirtiéndolo en divino y el mundo lo supiera. Incluso las personas más duras se transformaban con mi hermano. Tal es el caso del hombre más temido del mundo (como se le denominaba): era algo bizarro que Mike Tyson, siendo un hombre tan duro, tan grotesco, sacara su lado tierno, abrazando al Cacho que en ocaciones le daba besos en la frente como si fuera su hermano más querido, sonriente, siempre de muy buen humor con Julio.

Tyson quería conocer la tierra que había visto crecer a El César del boxeo, por lo que mi hermano no dudó en invitar al campeón indiscutido de los pesos pesados.

Cuando Mike Tyson descendió de las escaleras del avión en el aeropuerto de Culiacán, se encontró con que mi hermano lo esperaba muy contento. Mike Tyson se veía imponente en su andar, vestía un overol de mezclilla, sin camisa.

A Tyson se le veía sorprendido por tanta belleza femenina. Mencionaba que Culiacán era un paraíso lleno de hermosas mujeres.

Lo llevamos al estadio de beisbol y recuerdo a Tyson regalando dólares a todos los niños y jóvenes que se acercaban para saludarlo. La gente lo trató de maravilla y Tyson se la pasó muy bien en el Culiacán que Julio presumía con orgullo.

ROUND 30

Julio César Chávez *versus* Óscar de la Hoya

Julio llegó un día y me dijo que el promotor de la empresa Top Rank, Bob Arum, le había ofrecido pelear contra Óscar de la Hoya (campeón olímpico, invicto con 21 ganadas, 19 nocauts y campeón del mundo en dos divisiones), por una cantidad que no podía rechazar. Mi hermano ganaría los millones de dólares que nunca había ganado por una pelea.

Bob Arum con su empresa Top Rank era el nuevo dueño de la carrera de Julio César.

En esta pelea en particular, yo no fui con él, porque estaba encargado de los edificios y de la gasolinera. Sin embargo Julio me pidió que lo acompañara, faltando una semana para el gran evento, porque me quería en su esquina.

Cuando llegué a Las Vegas, Nevada, me recibieron en el aeropuerto y llegando al hotel pregunté por Julio y me dijeron que se encontraba en otro lado; me llamó la atención no verlo, se me hizo muy sospechoso la manera en cómo me trataba el resto del equipo, más aún cuando vi a Julio con lentes oscuros donde no había sol, manteniendo cierta distancia conmigo, entonces imaginé algo turbio.

El cabrón de Julio había sido cortado en una sesión de sparring, amenazó al equipo para que no me informaran de lo sucedido. Sin embargo, a Bob Arum sí le habían avisado. Nosotros suponemos que él si le comentó a Óscar de la Hoya, ya que a la empresa Top Rank le convenía impulsar la carrera en ascenso del Golden Boy.

Yo me enteré poco antes de que iniciara la pelea, me encontraba preocupado, pero no consideré prudente reclamarle el error de haber continuado con la promoción de la pelea, en vez de posponerla, ya que a Julio lo veía muy decidido y despreocupado.

Mientras tanto, Las Vegas se vestía de gala para recibir una de las peleas más esperadas por los fanáticos del boxeo.

Julio César Chávez, la leyenda en vida de 34 años de edad y la joven promesa Óscar de la Hoya, con tan sólo 23 años de edad. Conglomeraron a un mar de fanáticos en la arena del Caesars Palace donde se esperaba una magna pelea.

El retador, Óscar de la Hoya, fue el primero en salir del camerino rumbo al encordado, donde muchísima gente le aplaudía y le daba ánimos. Pero cuando mi hermano salió, la arena del Caesars Palace se estremeció.

Cuando se encontraron frente a frente, Óscar de la Hoya dirigió su mirada hacia el cielo, dedicándole la pelea a su madre, quien había pasado a mejor vida. Mientras Julio César, con su mirada fija en la lona, le dedicaba al mundo su pelea número cien.

Al sonar la campana, ambos peleadores se encontraban muy cuidadosos de sus movimientos. Los dos sabían que estaban sentados sobre un barril de pólvora que en cualquier momento podría explotar, a favor o en contra. Los jabs de Óscar eran como relámpagos, no sé cómo Julio lograba esquivarlos, aun así uno de ellos llegó a golpear su ceja izquierda y mi hermano comenzó a sangrar. Óscar, al ver que Julio comenzó a tener poca visibilidad por el profuso sangrado, se abalanzó sobre el campeón de manera muy inteligente: con fintas, mucha rapidez y con un golpeo contundente, siempre guardando su distancia. Julio continuó presionando con su guardia bien cerrada, sin dar tregua a la guerra que ya había comenzado. Desde el primer round, el réferi Joe Cortez detuvo el combate para que lo revisara el médico, quien le permitió continuar.

Cuando terminó el primer asalto vi a Julio y al llegar a nuestra esquina, me preocupé por el tamaño de la herida.

Antes de iniciar el segundo round ya habíamos logrado controlar la hemorragia, sin embargo, al primer golpe que impactó en su cara volvió a sangrar su rostro de manera escandalosa.

Óscar continuaba con su estrategia, mientras Julio lo incitaba y le decía que se fajara para intercambiar golpes cuerpo a cuerpo. La gente gritaba: "¡México, México!" Mi hermano tenía tan mala visibilidad que al terminar el round se dirigió a una esquina neutral, el réferi tuvo que decirle a Julio que era en otra esquina donde lo esperábamos.

En el siguiente round mi hermano continuó sangrando y presionando pero el uso del ring completo por parte de Óscar y la rapidez de puños, dificultaba el objetivo de mi hermano.

En el cuarto round Julio logró conectar en distintas ocasiones golpes muy fuertes, pero Óscar contraatacó de igual manera, bañando por completo de sangre el rostro de mi hermano. Joe Cortez lo llevó nuevamente a revisión y finalmente detuvo el combate por recomendaciones médicas de la Comisión Atlética de Nevada.

Cuando le detienen la pelea a Julio, ya lo venía venir, me dolió, pero no me dolió tanto como la primera derrota ante Frankie Randall.

El Consejo Mundial de Boxeo tenía un nuevo campeón, pero mi hermano continuaba como dueño de los corazones de millones y millones de personas alrededor del mundo.

A los cuatro meses, la herida de Julio ya se encontraba totalmente sanada y decidió pelear contra Joey Gamache, con un récord de 45 ganadas y sólo dos derrotas.

Por aquellas fechas a mi hermano le enviaron una auditoría federal y empezó a tener problemas con el fisco. Lo culpaban de evasión fiscal por la cantidad de 13.1 millones de dólares. Julio, desconcertado, decía que siempre pagaba sus impuestos, ya que le quitaban automáticamente el 30 % de su sueldo cada vez que peleaba en Estados Unidos. Julio veía todo ese problema como un revanchismo político por la amistad que le unía con el expresidente de México, Carlos Salinas de Gortari. Cacho estaba muy molesto ya que durante la campaña política de Zedillo hacia la presidencia, lo apoyó bastante, convocando a miles de personas y haciendo proselitismo a su favor durante las entrevistas para la televisión.

Aún así, existía la amenaza de su detención el día de su pelea. Julio se amparó para protegerse. No es necesario darles a conocer el estado de ánimo de mi hermano, molesto y triste a la vez. Con todo esto, se presentó ante su gente con su actitud de guerrero, ofreciendo un gran espectáculo en Anaheim, California. Ganó por nocaut en el octavo asalto.

Cuando nuestra madre se enteró de los problemas que tenía Julio con el fisco, sin dudarlo tomó un avión y fue a las oficinas de la Secretaría de Hacienda y Crédito Público para hablar con el secretario y abogar por Julio César, sin que Cacho se enterara.

No sabemos qué ocurrió exactamente, pero se arregló todo gracias a Dios.

Posterior a ello, Julio realizó dos peleas exitosas ese año en Las Vegas, Nevada, en el hotel Hilton y MGM, con llenos totales.

Julio César Chávez *versus* Miguel Ángel González

Era el año de 1998 y el cinturón dorado del Consejo Mundial de Boxeo se encontraba vacante. A Julio César Chávez se le brindaba una nueva oportunidad para recuperar su campeonato contra un buen peleador: Miguel Ángel González, de 27 años de edad, quien había formado parte de la selección nacional en el Comité Olímpico Mexicano; en su carrera de aficionado y como profesional presentaba un impresionante record de 42 ganadas, sólo una derrota por decisión contra Óscar de la Hoya y 32 nocauts.

Miguel Ángel declaró que Julio César, de 35 años, era un excelente peleador con una carrera admirable, pero que sus mejores momentos ya habían pasado.

En cuanto a la preparación, al finalizar la segunda semana de concentración en el Centro Ceremonial Otomí, después de haber realizado un excelente entrenamiento, Julio tomó un baño y al terminar de arreglarse subió a su vehículo sin decirnos nada... desapareció del campamento. Dos días después apareció como si nada, para volver a sus entrenamientos y entregarse al máximo. Eso me lo hizo como tres veces en plena preparación. Después me dijo un pajarito que se iba de parranda con los hermanos Arellano.

La pelea se desarrolló en la plaza de toros, en la que nuevamente el lleno era impresionante. Cuando Miguel Ángel subió al ring se escucharon aplausos pero también muchos abucheos. Al turno de Julio César, al frente de la caravana se encontraba su hijo mayor, Julio César Chávez Carrazco, sobre los hombros de Michael Molleda. Al salir del túnel hacia el encordado las multitudes nos dejaron sordos con sus porras y la gente hizo lo imposible por tocar o llamar la atención de Julio.

Después de que ambos excampeones del mundo habían recibido sus indicaciones por parte del réferi en turno. Dio inicio el combate; el primero en lanzar golpes fue Miguel Ángel. Sus golpes eran rápidos pero no con la potencia con la que sus rivales anteriores habían probado sus puños, se notaba que le tenía bastante respeto a mi hermano. Julio César por su parte, esquivaba todos los envíos y se le veía muy relajado, muy seguro. Y fue hasta casi el final del segundo asalto cuando mi hermano empezó a descargar su arsenal con envíos potentes, la Plaza de toros le festejó con aplausos y gritos.

El reconocido entrenador, Nacho Beristain, se encontraba con nosotros en el equipo dando indicaciones. Sin embargo, a mi hermano le gustaba manejar su propia estrategia de acuerdo a como se venía desarrollando la pelea.

Los siguientes rounds fueron muy similares. Mi hermano presionando la pelea, esquivando la mayor parte de los envíos de su rival y lanzando golpes muy certeros cuando él consideraba. Mientras Miguel Ángel continuaba viéndose inseguro, aun cuando conectaba sus golpes con malas intenciones, se veía doblegado ante la grandeza de quien tenía enfrente.

Jimmy Lennon junior, el anunciador preferido de Julio César, fue quién dio a conocer las tarjetas de los jueces donde declaraban un empate. La gente inmediatamente empezó a abuchear y aventar todo lo que tenían a su alcance hacia el ring. La gente protestaba a favor de mi hermano.

En cuanto a la carrera de mi hermano, yo no consideraba que estuviera en descenso, aun con todos sus desarreglos personales, simplemente estaba enfrentando a peleadores muy duros, peleadores que hoy son considerados leyendas del boxeo.

Tres meses más tarde peleó en Connecticut, contra un prospecto de 22 ganadas y solamente una perdida, a quien mandó a dormir en el tercer episodio.

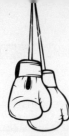

Julio César Chávez *versus* Óscar de la Hoya II

Julio César ya había convertido en toda una tradición las fiestas patrias del mes de septiembre en Las Vegas, Nevada. Por lo que la empresa Top Rank lo presentaría de nuevo contra otro imán para las multitudes: Óscar de la Hoya.

En esa ocasión el Golden Boy se encontraba como el campeón de las 147 libras (66.678 kilos). Julio tenía una nueva oportunidad para conquistar la división que no había podido y así cobrar venganza de su derrota contra Óscar por la cortada en su rostro.

En esta revancha yo no estuve en toda la preparación de Julio, realizada en las montañas de Colorado. Llegué diez días antes de la pelea y me dio mucho gusto ver a un Julio César motivado, preparado y sin desarreglos. Teníamos mucha confianza dentro del equipo en que Julio se llevaría la victoria.

Durante las conferencias de prensa, Óscar de la Hoya se veía muy seguro, pero siempre mostró mucho respeto, dándole el lugar merecido a mi hermano. Óscar tenía muchos seguidores y era bien querido, pero mi hermano era superior, a mi ver, en ese sentido.

Estábamos en Las Vegas, Nevada, días antes de la pelea y todo era una locura, la gente nos veía una cinta roja en la cabeza o una chamarra y se nos venían encima. No se diga cuando mi hermano bajaba para ir de compras, se venía un tsunami de personas. En ocasiones, cuando mi hermano entraba a las tiendas más exclusivas de Las Vegas, tenían que cerrar el establecimiento por seguridad y para comodidad de la celebridad del momento: Julio César Chávez.

Llegó el día esperado: 18 de septiembre de 1988. Los boletos se agotaron muchas semanas antes de la pelea. Las filas de personas que no pudieron ingresar al recinto continuaban con la esperanza de encontrar algún revendedor.

Al interior de la arena no cabía una persona más. Los comentarios de los expertos eran variados, mientras que las apuestas eran muy cerradas. Se vivía un ambiente sin igual.

Cuando nos llamaron para salir del camerino, todo el equipo empezamos a aplaudir y animar a Julio, pero eso no era nada comparado con lo que vivimos al momento de dirigirnos hacia el ring. La gente nos envolvió de buena vibra con toda esa energía que se desbordaba en el lugar.

Las clásicas zapatillas blancas rayadas que siempre usaba mi hermano, se desplazaban sobre el cuadrilátero azul esperando con ansias al Golden Boy, quien ya iniciaba su recorrido hacia el ring, siendo recibido con aplausos y porras.

Julio César se presentaba muy relajado y sonriente, con 36 años de edad y un récord de cien peleas ganadas, dos perdidas, dos empates y 83 nocauts. Mientras que Óscar de la Hoya, muy serio y concentrado, presentaba 25 años de edad y un récord de 28 ganadas, ninguna perdida y 23 nocauts.

Al encontrarse frente a frente, ambos desviaron la mirada, y al igual que en su primer enfrentamiento, Julio César clavó su mirada a la lona mientras Óscar la dirigió al cielo. Chocaron los guantes fraternalmente. Y al sonar la campana para dar inicio, explotaron los gritos en la arena del Caesars Palace.

En el primer asalto Julio esquivó casi todos los envíos, pero no podía atravesar la guardia del joven de Los Ángeles, California. En el segundo round, ambos se enfrascaron en un emotivo intercambio de metralla, conectándose poderosos golpes. Julio conectó un golpe bajo de manera no intencional y Óscar se molestó, por lo que se abalanzó con todo su arsenal pero Julio le respondió de igual manera. Para el tercer round la pelea se mantenía pareja.

Fue en el cuarto, quinto y sexto round en donde mi hermano aprovechó para fajarse con el campeón welter, quien aceptó el reto, conectando Julio muy buenos golpes; sin embargo, mi hermano también empezó a recibir golpes muy peligrosos, donde puso a prueba su resistencia. Entre cada round Julio permanecía sentado en su banquito, inclinando su cuerpo hacia enfrente, clavando su mirada sobre Óscar.

En el séptimo round Julio tuvo que recurrir a toda su experiencia para contrarrestar las combinaciones rápidas y potentes del Golden Boy. La pelea se desarrollaba de manera muy cerebral por parte de ambos.

En el octavo round Óscar de la Hoya se plantó al centro del ring y tomó la determinación de acabar con la leyenda de una vez por todas. Sus golpes eran poderosos como si estuviera a punto de acabar la pelea. Pero Julio César, con su corazón que no le cabía en el pecho, le respondió de igual forma, con combinaciones al cuerpo y al rostro, echando a perder los planes de Óscar. Mi hermano empezó a sacar la mejor parte, dejando el pómulo izquierdo de Óscar casi cerrado. Sin embargo, Julio ya presentaba una hemorragia en su labio inferior. De la Hoya cerró el round con combinaciones muy fuertes sobre el rostro de mi hermano aun cuando el round ya había terminado. El réferi intercedió y Julio trató de lanzarse sobre Óscar pero Richard Steele lo impidió. El público de pie aplaudió y gritó a su peleador favorito convirtiendo aquel recinto en una noche inolvidable para el boxeo.

Cuando Julio llegó a la esquina, me sorprendí al retirar el protector bucal, la cortada era profunda, prácticamente estaba a punto de atravesar el labio inferior, solamente lo separaba la dermis (la primera capa de piel). Aunado a eso, Julio me dijo que sentía mucho dolor en la costilla.

No tenía sentido continuar un castigo innecesario para El César del Boxeo; sin embargo, Julio siempre fue muy duro y nunca le gustó perder, por lo que nos pidió que no le paráramos la pelea. Pero yo no acepté y opté por detener el combate.

El tonelaje superior de Óscar de la Hoya era más que evidente y fue un factor determinante para su triunfo, él se encontraba en su peso natural, mientras mi hermano no. Óscar era un gran peleador y lo reconocemos, no le quitamos méritos.

Después de esta derrota nos sentimos mal, nos dolió pero no tanto, como ya lo he dicho, como la primera derrota que nos ocasionó Frankie Randall. La gente siempre le tuvo mucho respeto y cariño a Julio César. Por lo que no hubo un solo abucheo, por el contrario, sabían que Julio César era un gran guerrero que hizo lo humanamente posible por salir adelante. Sin embargo, no logró su cometido esa noche.

El cuarto de las brujas

En una ocasión había fiesta en la residencia de Julio César, la reunión estaba en todo su apogeo. La banda alrededor de la alberca tocaba "El sinaloense"; en el segundo piso había un cuarto que le llamábamos "el cuarto de las brujas", Julio adquirió en Las Vegas dos vitrinas con una bruja en su interior, la bañaba una luz tenue que la hacía verse bastante tenebrosa y más aún cuando al ingresar una moneda te predecía el futuro con su voz macabra. En el mismo cuarto contaba con pantallas gigantes para ver distintos deportes, una mesa de billar, una mesa de futbolito y diversos juegos de azar. En eso mi hermano se dirigió al baño de abajo porque el de arriba se encontraba ocupado y al abrir la puerta se encontró a mi hermano el Borrego inhalando cocaína. Julio César, al ver tal escenario, le empezó a gritar muy molesto. Lo reprendía y lo insultaba con malas palabras. Julio se sentía ofendido y lo externaba. El Borrego, con la cabeza agachada se disculpaba y en realidad se sentía mal, al grado de que estaba dispuesto a no caer en las garras de las drogas.

Julio lo hechó del baño, no sin antes arrebatarle la bolsa con droga. El Borrego se retiró del lugar, pero regresó a disculparse de nueva cuenta con Julio porque realmente sentía que había defraudado a su hermano, pero al regresar con el Cacho... ¡Vaya sorpresa que se llevó el Borrego! Encontró a Julio parado frente al espejo con la nariz blanca absorbiendo cocaína. Los dos sorprendidos se echaron a reír y desde entonces se convirtieron en cómplices uno del otro.

Mis hermanos eran tapadera de Julio, en muchas ocasiones ya no me invitaban a las reuniones privadas. Y para mí mejor, porque me daba cuenta que no encajaba, porque frente a mí, jamás consumían ningún tipo de droga, excepto alcohol.

Mientras tanto en el cuarto de las brujas, Julio se divertía a costillas de los invitados:

—A ver, le doy 200 dólares a quien se deje rapar la cabeza.

Nadie se animaba...

—A ver, les doy 300 dólares a cada uno.

—¡Yo, yo! —gritaron tres amigos.

—A ver, Borrego, trae la máquina para raparlos.

Cuando ya se encontraban totalmente calvos los tres amigos, se escuchó:

—400 dólares a quien se deje rasurar las cejas.

—No Julio, vamos a parecer loquitos. Las cejas no.

—600 dólares a cada uno para que se animen.

—¡Sale! —dijo uno de los tres calvos.

—Ariel, rasúrale las cejas. Y van otros mil dólares al que se aviente un tiro derecho a puño limpio contra El Chuletas...

Julio de vez en cuando bebía alcohol de una botella muy grande en la que se encontraba una culebra fermentada, a la que lentamente se le desprendía parte de su piel y Julio la bebía diciendo que le daba vitalidad.

En el mismo lugar había como cuatro contenedores de gasolina vacíos y Julio apostaba equis cantidad de dinero a ver quién era el primero que los llenaba orinando. Casi siempre Julio ganaba esa apuesta.

Y así pasaban todo tipo de retos y apuestas en aquel lugar. Lo que sí les digo es que a todos los que nos encontrábamos alrededor de Julio nos iba bastante bien. Eso sí, cuando empezaba la fiesta por la tarde y se acercaba la noche, si alguien intentaba retirarse de aquel pachangón, Julio no lo dejaba; no dejaba que nadie saliera de su casa, aun cuando le pedían por favor que los dejara salir por motivos familiares o de trabajo. Julio con arma de fuego en mano simplemente decía que la fiesta no se había acabado y que nadie salía. Nadie se animaba a contradecir al travieso y caprichoso del Cacho.

Pedía cena para todos, más tarde desayuno, después comida... y así hasta que el cuerpo del Cacho dijera que era suficiente. Caía rendido después de estar despierto a veces hasta tres días continuos. Me llamaban y me decían que Julio ya había parado la fiesta para que llevara al doctor. Le tomaban la presión y checaban su corazón. Aprovechábamos para aplicarle un suero con un coctel de vitaminas y un tranquilizante para que durmiera en paz. En ocasiones dormía de 14 hasta 20 horas seguidas.

Al despertar, con la barba crecida en el rostro, se retiraba la aguja del suero y se ponía sus tenis deportivos para irse a correr y así ejercitarse. Después de recorrer bastantes kilómetros, llegaba bañado en sudor y ya le tenían preparados sus alimentos. Luego ingresaba al vapor, se daba una ducha y tomaba un descanso en su cama hiperbárica con el fin de obtener múltiples beneficios físicos. Después de estar fresco como una lechuga continuaba la fiesta, repitiéndose la historia. El doctor no se explicaba cómo Julio César continuaba con vida, retando a la muerte.

Había personas bien intencionadas que intentaban acercarse a mi hermano para ayudarlo a que se alejara de esa vida, pero Julio no les daba entrada. Tal es el caso de un amigo del Cacho, que lo conocía desde niño y le tenía la confianza para aconsejarlo, pero a veces todo era contraproducente.

Una ocasión sonó el timbre en Colinas y Fernando (amigo de la infancia) con Biblia en mano, buscó al Cacho con la intensión de reivindicarlo. Al entrar al cuarto de las brujas, Julio lo saludó con gusto, invitándole a que brindara con él; Fernando era una persona rehabilitada, le dio las gracias y se rehusó a beber. Julio César le insistió, pero esta vez le ofreció cocaína. Fernando rechazó la droga e intentó darle un sermón que Julio terminó rechazando:

—A ver, a ver cabrón. Deja de hablar y jálale, no te hagas el santurrón.

—Julio, tranquilo campeón...

Julio tomó una pistola y se la colocó a Fernando en la cabeza gritándole:

—¡Aquí yo no quiero testigos, quiero cómplices, cabrón, así que jálale o le jalo yo a la pistola!

—Julio, por favor, no me hagas esto, ya cambié, por favor...

—Es la última vez que te lo digo —Julio ya estaba cortando cartucho.

A Fernando no le quedó otra opción, por lo que empezó a drogarse y a tomar. En menos de lo que canta un gallo, Fernando era el ambiente de la fiesta y disfrutaba de las ocurrencias de mi hermano festejándole todo.

Julio seguía de fiesta y continuaban las invitaciones sociales a todos lados, fiestas y convivios a morir.

Tristemente me daba cuenta de que la relación con su mujer, Amalia Carrazco iba por mal camino. Me enteré que recibió un escrito donde su mujer solicitó el divorcio y pedía la patria potestad de los niños.

Julio era muy reservado y no externaba los problemas maritales. Aunado a los problemas con el fisco mexicano, estaban los excesos de drogas, alcohol y mujeres; estos casos recrudecían la vida de mi hermano convirtiéndola en una colección de malos momentos donde el amo del mundo se convertía en el más desdichado.

Tuvieron que transcurrir siete meses después de la segunda pelea contra De la Hoya para que volviera a pelear, fue contra Verdell Smith en

El Paso, Texas, a quien despachó en el tercer episodio frente a miles de fanáticos que seguían incondicionalmente a Julio César.

Después de la pelea lo invitaron a un importante desfile conmemorativo en la Ciudad de Los Ángeles, California. El Cacho pasearía por una de las calles principales de aquella ciudad en la parte trasera de un majestuoso auto convertible. Óscar de la Hoya, el oriundo de aquella hermosa ciudad, también había sido considerado como atracción del desfile. Al momento de encontrarnos dentro del desfile, cuando pasó Óscar en su convertible saludando a los cientos de espectadores, le respondieron con aplausos pero cuando fue el turno de mi hermano, los cientos que se encontraban formados, se convirtieron en miles, enloqueciendo con porras y aplausos excesivos: Julio César continuaba cautivando a las masas.

Tres meses después volvió a ganar por nocaut en el cuarto round en Mexicali, Baja California. En esa ocasión Julio César presentó orgullosamente a su hijo primogénito, frente a millares de personas que se dieron cita en la plaza de toros y frente a los millones de mexicanos que lo seguían a través de la televisión. Pero esta vez su entrada no fue en hombros, sino como boxeador aficionado, en una pelea de exhibición contra el hijo del excampeón mundial Jorge Maromero Paez.

Dieron inicio al combate y Julio César Chávez junior parecía una copia de su padre, en cuanto a estilo se refiere. Ambos peleadores se enfrascaron en una buena pelea donde el ganador fue el público, presenciando el nacimiento boxístico del hijo de la leyenda.

Tres meses más tarde, Cacho tenía firmado otro compromiso en Las Vegas, Nevada, contra el el afroamericano Willy Wise.

Otra mancha en la gloriosa carrera de Julio César

Mi hermano decidió de nueva cuenta no concentrarse en el Centro Ceremonial Otomí. Su preparación la llevó a cabo en Culiacán, Sinaloa, en su gimnasio Mr. Ko. Sus entrenamientos eran duros, pero el Cacho se me cansaba durante las sesiones de sparring por todos los desarreglos que hacía, aún así daba el cien por ciento de su capacidad física.

El contrincante, como se anotó, era un afroamericano llamado Willy Wise, un peleador que no figuraba en los primeros planos del boxeo, con diez derrotas de sus 36 peleas como profesional. Mi hermano se veía muy confiado aun cuando sabíamos que cualquier contrincante que enfrentaba a Julio se preparaba a conciencia para dar su máximo esfuerzo, pues sabían que era la mejor plataforma para proyectarse aun sin ganar, imaginen lo que significaba vencer a la leyenda en vida del boxeo mexicano.

Un día antes de la pelea se presentó el grupo Maná y el vocalista Fer invitó a Julio César al concierto. Antes de subir al escenario estábamos con ellos en el camerino:

—Uttta que rico, para el frío— Julio empezó a tomar whisky.

—Cacho —yo le decía—, no la amueles, mañana vas a pelear, ino chingues!

—Es para el frío, Rodolfo, nomás me voy a tomar una y ya.

—iNo! No puedo creer lo que estás haciendo. Me da coraje... iEs más, ya me voy!

Y así fue, me fui solo al hotel Hilton. Quién sabe a qué horas terminó el concierto y quién sabe si sólo fue un vaso de whisky; lo dudo mucho.

El día de la pelea, la arena del Hilton presentaba un lleno total como era costumbre cada vez que se presentaba mi hermano. En esta ocasión apareció en la caravana que acompañáb a Julio al ring, su pequeña hija Nicole, a quien Julio en repetidas ocasiones la besaba tiernamente llenándose de energía. Omar y Julio César Chávez junior se encontraban arriba del ring. Su papá les colocaba sus guantes en los hombros a cada uno.

Después de las presentaciones respectivas, dio inicio el combate en donde Julio César realizó su round de estudio, esquivando los golpes que lanzaba su oponente; al poco tiempo tuvo que descargar de igual manera, para imponer su jerarquía aun cuando Willy Wise se veía que no desaprovecharía la oportunidad de realizar una buena pelea. Al sonar la campana para finalizar el asalto, Julio le conectó un fuerte gancho de izquierda.

En el siguiente round Julio César presionó a su rival sacando la mejor parte, las veces que el réferi intercedía mi hermano ni se inmutaba, parecía ignorarlo.

En el tercer round mi hermano ya respiraba por la boca y no se le veía la rapidez de puños con la que nos tenía acostumbrados, aún así intercambió metralla, Willy Wise probó el arsenal de mi hermano. Comiéndose otro golpe después del asalto.

Los siguientes rounds fueron muy similares, sin embargo, en el quinto asalto apareció sobre el rostro de Julio una cortada a la altura del puente de la nariz, producto de un cabezazo no intencional por parte de Willy Wise.

Al llegar a la esquina, nosotros le decíamos que no se preocupara de la herida, pero que no se entregara y usara más la cabeza. Ya que Julio era un maestro para descifrar estilos.

Pasaron los rounds y no ocurría nada extraordinario. Por nuestra parte lo invitábamos a que lanzara más golpes. Julio César desde el banco en el que se encontraba sentado, clavaba su mirada a la esquina contraria como lo hacía tradicionalmente.

Al final del octavo asalto, ambos peleadores se enfrascaron en una verdadera riña campal donde la peor parte se la llevó mi hermano. Con un Willy Wise crecido, inició el noveno asalto, decidido a comerse vivo a mi hermano que no contaba con una buena condición física y sólo con su gran corazón aceptó el intercambio castigando el cuerpo de Willy Wise.

En el último asalto Julio César sacó toda su experiencia y dejó el alma en el ring donde se veía que se exigía más de lo que su cuerpo podía hacer. Yo desde mi esquina quería ver que se repitiera la historia del último round contra Meldrick Taylor. Sin embargo... no sucedió.

Mientras daban el fallo, los comentaristas se referían a Julio como la gran leyenda del boxeo que debería retirarse ya que su tiempo había acabado.

Finalmente llegó lo inevitable: el fallo por decisión unánime a favor de Willy Wise. Julio inmediatamente descendió del ring, se fue rumbo al camerino y el público en general lo animó pero eso no cambió el ánimo de mi hermano. Julio le dio el crédito a Willy Wise y mencionó que se confió en la preparación pero que arriba del ring no hay enemigo pequeño.

A los dos meses de su reciente derrota, se presentó a pelear ante su gente, en Culiacán, Sinaloa, con un lleno total donde ganó por nocaut en el tercer round contra Buck Smith, con 180 ganadas, 120 nocauts, 13 perdidas y dos empates.

Ante esta victoria, el Consejo Mundial de Boxeo le brindó la oportunidad de presentarse de nueva cuenta como retador al título contra el duro boxeador ruso nacionalizado australiano, Kostya Tszyu, quien presentaba un récord de 24 ganadas, 20 nocauts y una perdida.

Kostya venía de darle una verdadera paliza a Miguel Ángel González, excampeón mundial que había empatado con Julio César recientemente. Don King ya tenía listo los preparativos para la pelea que prometía ser un choque de trenes por el estilo y pegada de ambos contrincantes.

En cuanto Julio César se enteró que la pelea era un hecho, me llamó para vernos en el gimnasio Mr. Ko para iniciar los entrenamientos. Al poco tiempo nos fuimos a México por dos semanas y cerramos muy fuerte la preparación en Toluca.

Todo el equipo Chávez teníamos mucha fe en que mi hermano se volvería a coronar.

Para esa ocasión mi hermano había invitado alrededor de ochenta personas con todo pagado. Muchos de ellos de manera abusiva y ventajosa pedían servicio al cuarto con grandes comidas y hasta bebidas alcohólicas. Cuando me di cuenta de lo que pasaba, le dije que sería mejor darles dinero diario a cada uno para el consumo personal y así fue, disminuyeron de manera considerable los costos del dadivoso Julio César.

Durante las conferencias, Kostya Tszyu, de 30 años, se mostraba muy respetuoso y mi hermano con 38 años, se comportaba como siempre, muy profesional y reservado.

El 29 de julio del 2000, la ciudad de Phoenix, Arizona, vivió una gran fiesta en el Veterans Memorial Coliseum. Las especulaciones sobre qué pasaría esa noche eran encontradas dentro del recinto, aun cuando los expertos en boxeo vaticinaban la victoria a favor de Tszyu, la inmensa mayoría creíamos ciegamente en mi hermano.

El lugar de la pelea estalló en gritos y aplausos cuando apareció el ídolo de los miles de espectadores que se daban cita en el auditorio.

Desde el ring lo esperaba el mariachi cantando la canción "México lindo y querido", toda una tradición en las peleas de mi hermano, donde la gente se desbordaba de sus asientos cuando hacía su entrada triunfal. Realmente no dejo de impresionarme la manera en cómo la gente se le entregaba a mi hermano. Aun cuando el mariachi tenía un potente micrófono, simplemente no se escuchaba nada por los gritos que se daban a su alrededor.

Cuando salió del camerino Kostya Tszyu sólo se escuchaba al unísono: "¡Cháaavez, Cháaavez, Cháaavez...!"

Después de que Jimmy Lennon junior realizó las presentaciones, ambos peleadores, en muy buen estado físico, al encontrarse frente a frente, dirigieron su mirada a la lona y apenas tocaron sus guantes con mucho respeto para dar inicio al primer round.

Kostya Tszyu fue el primero en lanzar golpes presionando a Julio César, quien sólo esquivaba los envíos de su rival, sin embargo, el primero en conectar un golpe claro fue mi hermano. Faltando casi un minuto para que culminara el primer asalto, ambos gladiadores, con su guardia bien puesta, empezaron a lanzar potentes golpes de peligro, ambos querían imponer su estilo y ninguno daba tregua.

En el segundo y tercer round, Julio se veía más trabajado de acuerdo a su experiencia que por sus facultades, aún así era una pelea muy pareja donde el público lo animaba constantemente gritando: "¡Sí se puede, sí se puede!" y "¡México, México, México...!"

Al finalizar el cuarto round Julio tenía dos amonestaciones por golpes bajos y a la siguiente reincidencia le quitarían un punto; Rómulo Quirate, Michael Molleda y yo empezamos a dar indicaciones al mismo tiempo porque empezábamos a ver que el estilo del ruso comenzaba a congestionársele.

En el quinto round, Kostya Tszyu decidió acabar con Julio, parecía haber encontrado la llave para descifrarlo, pero mi hermano no estaba dispuesto a dejar ir la oportunidad por el título que tenía enfrente.

Las pocas combinaciones de mi hermano hacia su rival y la diferencia de velocidad de puños a favor de Tszyu, lo beneficiaban a éste para conectar golpes potentes sobre la humanidad de mi hermano.

Julio César, sentado en el banco, inclinado hacia enfrente con la mirada fija en su oponente, sabía que tenía que hacer algo al respecto, por lo que al iniciar el sexto round se le hechó encima a su rival con todo su arsenal, volviendo a reincidir en un golpe bajo para que el réferi sobre la superficie le quitara un punto. Al incorporarse, Kostya Tszyu lanzó su jab acompañado de un recto de derecha que tronó en el auditorio y que increíblemente derribó sobre la lona a mi hermano. La gente que estaba presente se escuchaba suspirando y murmurando. Julio César se incorporó y lastimado como un guerrero, se enfrentó a una batalla dando lo mejor de sí. Sin embargo, Tszyu sacó la mejor parte con golpes que castigaban a Julio por lo que determinamos detener el combate.

Julio, con su mirada triste, terminó con el corazón partido cuando volteó a ver a sus hijos Omar y Julio junior, que se encontraban llorando.

Jimmy Lennon junior quería dar el veredicto, pero no se escuchaba nada porque la gente enardecida gritaba y empezaba a lanzar todo lo que tenían a su alcance hacia el ring, arremetiendo contra Kostya Tszyu, quien simplemente fue a realizar su trabajo. Tszyu decidió echarse a correr a toda velocidad por una valla de fierro de aproximadamente dos metros de ancho y más de treinta metros de largo. Aun cuando ésta se encontraba rodeada por seguridad, los fanáticos le lanzaban golpes y vasos con cerveza.

Jimmy Lennon junior repetía las palabras de Julio César para calmar a las multitudes: Julio César mencionaba que se sentía muy triste porque les falló y decepcionó a Don King. Mencionó haber dado lo mejor pero no traía fuerzas en su cuerpo. Se disculpó ante su gente y habló sobre su retiro. Todo esto mientras mantenía abrazado a su hijo primogénito.

Julio César había entrenado muy fuerte, su cuerpo no estaba listo para esa sobrecarga de entrenamiento, por lo que su físico no le respondió y no fue por la edad, porque mi hermano era un fuera de serie. Fue por todas las cosas malas que Julio metió a su cuerpo durante años.

Con ninguna persona me podría ir mejor que estando al lado de mi hermano Julio; sin embargo, me sentí con la responsabilidad de hablar sobre lo que pensaba sería lo mejor para él, aun cuando mis intereses se vieran afectados. Así que me dirigí a su cuarto para hablar a solas con él:

—Qué onda carnal, ¿cómo te sientes?

—Bien, bien. Ahora sí Don King se vengó con la chingadera que me mandó para pegarme en la madre.

—¿De qué hablas?

—Eddy Mafú me dio una bebida que era para que me recuperara el día del pesaje y me hizo que me sintiera mal. Si no le hubiera ganado fácil.

—Mira Julio, te tengo que decir algo. Te preparaste muy bien, diste todo lo que podías dar... yo creo que ya es tiempo de que te retires carnal. Todo tiene un principio y un final. Tienes muchas cosas por hacer, hasta una novela te propusieron, tienes tanto por delante.

—Tienes razón.

Después de salir del cuarto de Julio, reuní al resto del equipo y les dije que empezaríamos una nueva historia, que podíamos formar nuevos valores en el gimnasio. Todos me dijeron que sí pero ninguno se reportó.

Julio César se refugia en su casa y muere nuestro padre

Al regresar a Culiacán, Julio hizo lo de siempre: unas mega fiestas de varios días con todos los excesos. Al no tener compromisos de entrenamiento para pelear, incrementó los desarreglos en su vida personal.

Julio se refugió en su paraíso: en la residencia en Colinas donde tenía acceso a todo y fue ahí donde se empeoraron las cosas, salía muy poco. Droga, alcohol y mujeres desfilaban de manera discreta por la casa de Julio César.

Sin embargo a Miriam, su nueva esposa, con la que ya tenía una hija (Nicole), la frecuentaba en Tijuana, pero su búnker de lujo se encontraba en su querido Culiacán.

En ocasiones su mujer llegaba a Culiacán de manera sorpresiva; pero Julio se las ingeniaba para que a través de la cochera ingresaran mujeres disfrazadas de hombres, para que su mujer no se diera cuenta de que el cuarto de las brujas se convertía en el centro nocturno para adultos de Mr. Ko.

En cuanto a mi papá, ya tenía tiempo que se encontraba delicado de salud; un par de años atrás, mi papá realizaba su trabajo de rutina en la ferrocarrilera, hasta que un día se subió a una de las máquinas para dirigirse de Culiacán a Mazatlán a visitar algunos familiares.

Al arrancar el tren, ingresaron al vagón dos personas y en el camino antes de llegar a la Cruz de Elota, Sinaloa, lo asaltaron, pero mi papá empezó a forcejear con ellos, pero sólo consiguió que lo lanzaran del tren cuando este corría a una velocidad aproximdamente de cien kilómetros por hora.

Al llegar el tren a la Cruz de Elota, no encontraron a mi papá. Por lo que detuvieron al asaltante que venía de trampa, quien confesó lo ocurrido. Por lo que de inmediato el personal del ferrocarril hizo cuadrillas para buscar a mi papá sin éxito. El expresidente Salinas de Gortari dio una orden para encontrar el cuerpo de mi papá, el cual fue visto dos días después a orillas de un puente, inconsciente, con la cara destrozada.

Cirujanos plásticos reconstruyeron su cara, los mejores médicos se encargaron de su rehabilitación, pero mi papá nunca fue el mismo, se quedó en su borrachera; recuerdo que le comprábamos refresco de manzanita y lo vaciábamos en envase de cerveza, tomaba y creía que se emborrachaba.

A los meses mi papá cayó de cabeza por accidente de un segundo piso, sobreviviendo al impacto. Después de unos meses le dio neumonía, se le subió el azúcar y a los pocos días nos dejó.

Cuando mi papá se encontraba internado en el hospital, nosotros ya sabíamos que iba a morir. Recuerdo decirle que se iba a poner bien. Julio y yo nos encontrábamos en el cuarto con mi papá. Mientras Julio le tomaba su mano, la máquina a la cual estaba conectado empezó a sonar, avisando que su corazón había dejado de latir. Julio le gritó al doctor, quien vino rápidamente a tratar de salvarlo, pero todo fue en vano. Uno de los dedos de mi papá se movió levemente de manera involuntaria, Julio se alteró y se puso muy nervioso diciéndole a los doctores que su papá continuaba con vida porque el respirador artificial continuaba prendido.

Sin embargo, mi papá ya se encontraba en un mejor lugar. Julio César lloró desconsolado, compartíamos el mismo sentimiento, yo trataba de calmarlo, pero la experiencia de verlo morir y sin hacer nada fue algo muy doloroso, dejó un vacío en nuestras vidas.

Al salir del cuarto le dimos la noticia a mis hermanos y a mi mamá. La tristeza que sentimos con la muerte de mi hermano menor, Omarcito, nos invadía de nueva cuenta.

Durante el velorio, Julio César pidió a la casa funeraria encargada lo mejor que tuvieran para despedir a su papá, la funeraria abusó por la cantidad que cobró al aprovecharse de la situación vulnerable en la que se encontraba el Cacho. Mi hermano sin pensarlo pagó todo.

Julio continuaba muy apegado a mi mamá y se la llevó a vivir a su casa en Colinas durante un tiempo. Ya que disfrutaba mucho de su compañía.

A los pocos días mi mamá me llamó por teléfono y en su voz noté mucha preocupación, me pidió por favor que hablara con Julio. Le preocupaba mucho la vida de excesos que llevaba y me decía que tenía que ir a tranquilizar a Julio lo más pronto posible.

Esa vez mi hermano tenía dos días sin dormir y continuaba tomando. Se encontraba alegando con gritos y malas palabras de manera escandalosa. Cuando llegué a calmarlo, empezó a agredirme. Yo le decía: "Cálmate ya, cabrón, tranquilízate, vete a dormir." Pero el Cacho tenía la mirada perdida y me di cuenta que tenía toda la intención de golpearme, por lo que decidí abrasarlo para calmarlo y empezamos a forcejear frente a mi mamá. Julio, fuera de sí, me empezó a morder el hombro como si fuese un pitbull, con su quijada trabada, no tenía pensado soltarme; mi mamá tomó una escoba y sin dudarlo, le empezó a pegar por la espalda a Julio, diciéndole que me soltara. Julio se tranquilizó y me abrazó, llorando accedió a ir a su cuarto. Al llegar al cuarto metió la mano a una cangurera que llevaba consigo y me sacó un rollo de dólares y me los entregó:

—¿Y eso? ¿Es para mí? —le pregunté.

—Sí, es para que te alivianes.

—Muchas gracias.

Historias muy similares se repetían a las pocas semanas y por lo general con el mismo final. Yo sabía que tenía que hacer explotar a Julio para que se calmara. Luego se quedaba relajado y lo llevaba a su recámara, donde a veces recibía hasta tres mil dólares. Julio también me ayudaba a su manera.

Muchas veces he pensado que él buscaba un pretexto para sacar todo lo que tenía dentro.

Lo que sí era una realidad, era la preocupación constante que sentía por Julio. Siempre preguntando por él, ya que a pesar de estar tan cerca, empezamos a distanciarnos un poco, porque no me gustaba verlo en esas condiciones, me dolía, por ello siempre choqué con él y fui como un cuchillito de palo para mi hermano.

En cuanto a los niños, siempre estuvieron en comunicación con su papá, incluso cuando Amalia se fue a Estados Unidos, venían cada vez que podían.

Un día por la mañana, Julio bajó del cuarto de las brujas a desayunar, mi hermano se encontraba amanecido. Al llegar a la cocina estaba sentado un taxista, hijo de la cocinera de Julio, el Cacho se sentó al lado de él esperando sus alimentos. En eso el taxista, quien era más alto y joven que Julio, le dijo:

—Usted es muy buen boxeador, pero se me hace que en la calle no la haría conmigo.

No entiendo porque fue tan estúpido aquel muchacho en retar de esa manera a Julio. Al lado izquierdo de Julio se encontraba Chuyín, el jefe de seguridad de Julio César, quien le hizo señas al taxista imprudente para que se callara y no alterara al Cacho. Julio se dio cuenta de que Chuyín hizo señas y le dijo:

—Déjalo Chuyín, a ver si muy fiera. ¿Quieres probarme?

—Arrre... ¡Donde quieras!

De tal manera que se dirigieron a la planta superior en donde tenía el gimnasio Julio César, ambos se encontraban en medio del ring con la guardia arriba pero sin ningún tipo de protección.

El taxista, con mucha determinación, lanzó con todas sus fuerzas un bolado de izquierda, el cual Julio esquivó fácilmente, después envió un derechazo con todas sus fuerzas y Julio volvió a desviarlo. Inmediatamente le lanzó otro bolado de izquierda y Julio movió su cintura, rozando el nudillo en la cien. Julio César dio tres pasos hacia atrás y se tocó la frente para ver si había sangre. Con el rostro limpio, Julio clavó la mirada en el taxista, mordiéndose la lengua; en cuanto el taxista intentó lanzar otro golpe, Julio César movió su cintura hacia su lado izquierdo e impactó un tremendo derechazo para que el taxista se derrumbara, quedando totalmente conmocionado. Julio de pié continuaba con la sangre caliente y sus manos empuñadas, mordiéndose la lengua.

El Chuyín intentó despertar al taxista pero éste no respondía, lo sacudía como si fuese un muñeco de trapo pero continuaba sin reaccionar, por lo que salió corriendo y al poco tiempo llegó con una cubeta llena de agua con hielos para vaciárselo en la cara para que así despertara; inmediatamente "el busca pleitos" volvió en sí y empezó a escupir sangre. El joven desorientado, balbuceando, hablaba incoherencias por lo que el Chuyín le sacó una pistola y se la colocó en la cabeza diciéndole que se tranquilizara y que no hiciera escándalo. Luego, le colocó un hielo en el rostro, que ya mostraba una severa inflamación. Llamó a un taxi para que lo llevara a su casa y dar punto final a su desquiciada aventura.

Julio César llevaba consigo una cangurera donde guardaba su dinero para lo que se ofreciera. De ahí regalaba a la gente, a la que ayudaba constantemente, compraba cerveza, droga, comida, pagaba la música, etcétera. Cuando se daba cuenta que el "cangurito" estaba flaquito, por todo lo que le sacaba durante el día, mandaba retirar dinero de las gasolineras; de cien mil a ciento cincuenta mil pesos cada día.

Con la venta de las gasolineras, mi hermano no invirtió su dinero. Lo guardó en una caja fuerte en la cual, los montos de dinero en efectivo descendían cada vez que dicha caja fuerte recibía la visita del Cacho.

La pelea del adiós

Los promotores de boxeo estaban impacientes por rescatar la mina de oro que todavía veían en Julio. Mi hermano finalmente accedió a realizar algunas peleas de despedida, donde los fanáticos del boxeo que no habían sido cautivados por una pelea de Julio César Chávez en vivo tendrían la oportunidad de presenciar al mejor boxeador que haya dado México y unos de los mejores en la historia del boxeo mundial. Por lo que la pelea se denominó: "El último adiós."

El 24 de noviembre del 2001 era la cita para el evento, en la Plaza de Toros en Chihuahua, contra Terry Thomas, con un récord profesional de 30 ganadas, cinco perdidas y dos empates.

Julio no era el mismo de quince años atrás, pero conservaba aquel imán para reunir a multitudes y ese estilo único que lo hacía lucir increíble dondequiera que se paraba. Julio César presentó su nocaut en el segundo asalto.

Mi hermano, con dinero en mano, continuó haciendo más de lo mismo...

La leyenda continúa...

Julio César Chávez junior se encontraba ya sumergido en el mundo del boxeo. Todos los días entrenaba, disfrutaba de las peleas grabadas de su padre y empezaba a observar detalles de las mismas. El Junior o el Pelón (como le decía yo), tenía un gusanito en su estómago que cada vez crecía más, debido a la sangre que lo alimentaba, era la sangre de los Chávez que corría por sus venas y al parecer su destino parecía estar entre cuatro cuerdas y bajo los reflectores.

El junior empezó a soñar despierto con seguir los pasos de su progenitor y lo externaba, por lo que mi hermano Julio empezó a involucrarse en sus entrenamientos. Omar no se quedó atrás, entrenando y peleando como aficionado.

Me convertí en un soldado de mis sobrinos; a las seis de la mañana estaba en su casa y ellos al pie del cañón. Muchas veces me quedaba a desayunar con ellos en su casa. Por la tarde, el gimnasio Mr. Ko esperaba a los "hijos de la leyenda" para dar inicio a sus entrenamientos. Mi hermano siempre estaba en el gimnasio exigiendo mucho a sus hijos.

Bien cierto era que el gran campeón mexicano siempre se entrenó al cien por ciento durante casi toda su carrera, por eso esperaba lo mismo de sus hijos. El problema era que el Cacho era muy perfeccionista y no tenía un modo nada dulce hacia nosotros, por lo que todos nos sentíamos muy presionados... ¡Hasta yo salía raspado!

26 de septiembre del 2003: el parque Revolución se encontraba a reventar con todos sus boletos vendidos. Muchas personas se quedaron afuera, algunas lograron ingresar pagando pero sin un asiento asignado.

El Junior se encontraba nervioso por el monstruo de las mil cabezas. Pero mi hermano estaba peor pues no tenía el control de la situación y pensaba que soltaba a su hijo al ruedo, como si fuese sólo un gallo de pelea. Aun cuando sabíamos que el rival no era nadie de peligro, no sabíamos como reaccionaría el Junior y como dice Julio César: "Las balas perdidas existen."

Durante la contienda el Junior fue aplaudido por su gente ya que las cosas salieron muy bien, ganó por decisión unánime en cuatro asaltos contra Jonathan Hernández.

En los siguientes combates del Junior, los aficionados al boxeo querían ver al hijo de la leyenda como una copia exacta al papá; a pesar de que tenía ciertos movimientos heredados, no era el mismo, el Junior quería escribir su propia historia.

El Junior se presentaba a sus compromisos con una condición física tremenda. Aun cuando ganaba las peleas, Julio César nos regañaba. Siempre nos ponía peros. Sus exigencias eran parte del pan de cada día.

Fue muy duro y cansado tener al Cacho siempre al lado en la carrera de sus hijos por la loquera que traía y lo nervioso que se ponía. Tanto sus hijos como yo nos sentíamos muy presionados.

Julio no se perdía los entrenamientos de sus vástagos, él trataba de perfeccionar cada detalle de sus boxeadores más importantes; era muy exigente y eso le molestaba mucho al Junior, pero por respeto a su papá no le contradecía en nada, aun cuando muchas veces el modo de decirles cómo hacer las cosas era muy agresivo.

La convivencia con mis sobrinos era cada vez más estrecha, nuestra relación era más fuerte que el acero, prácticamente me estaba convirtiendo en su ángel de la guarda, pues todo el día estábamos juntos. Ellos se encantaban escuchando las anécdotas vividas entre mi hermano y yo. Querían saber todo. Yo los aconsejaba y ellos admiraban a su papá por su excelente trayectoria y me decían que todo lo que su papá había hecho mal, ellos no tropezarían con la misma piedra.

A mí me daba mucho gusto saber que los estaba guiando por el buen camino. Además a ambos les veía madera para esta dura carrera.

A Julio César le ofrecieron otra serie de peleas para que se despidiera de su gente; tendría grandes ganancias y nuevos aficionados para su hijo ya que donde se presentaría mi hermano también pelearía mi sobrino.

Mi hermano Julio César me dijo que iba a pelear de nueva cuenta pero los entrenamientos ya no eran igual; le echaba muchas ganas pero no corría todos los días, no se cuidaba igual. A Julio no lo veía deteriorado, continuaba tan inquieto como cuando era pequeño, pero obviamente no era el mismo.

Le hicieron una buena oferta y él accedió. El 22 de noviembre del 2003. Su rival: Willy Wise (el mismo que había sido verdugo de mi hermano). El sitio de la pelea era el centro de espectáculos Alamar, donde estaba haciendo muchísimo frío, pero había un lleno total. Julio César ganó por nocaut en el segundo round. En esa misma cartelera peleó el Junior donde se adjuducó otro triunfo contundente.

Julio César, con cuarenta años de edad, tuvo otro compromiso el 22 de mayo del 2004 contra Frankie Randall, en la Plaza de toros México. Sabíamos que Randall era un peleador duro, por ello esa preparación la realizamos en la Ciudad de México y Toluca. Le pedí al Cacho que se cuidara porque sabía que ese estilo se le dificultaba a mi hermano. La pelea se desarrolló frente a las multitudes mexicanas que apoyaban a la leyenda del boxeo, quien ganó por la vía de los puntos.

Yo ya estaba seguro de que Julio utilizaba drogas por eso cuando nos encontrábamos a solas le pedía que se rehabilitara, Julio me dijo que ya se iba a calmar y que al llegar la navidad entraría en tratamiento. Al llegar la navidad me dijo que después del diez de mayo, por tratarse del día de las madres... así se pasaba el tiempo; su condición física y emocional empeoraba. Todos los que queríamos el bienestar de mi hermano le aconsejábamos, nos preocupaba mucho cómo echaba por la borda su propia vida; pero a nadie le hacía caso. Nunca aceptó la ayuda.

Sus hijos le tenían miedo y se le escondían, en especial cuando salíamos fuera a pelear. El Junior nos pedía que cambiáramos el registro de la habitación a nombre de alguien que su papá no conociera, para evitarlo. Sus hijos amaban a su padre pero no podían convivir con él en esas circunstancias.

ROUND 38

Julio César "echa de la madre" en televisión abierta

En las olimpiadas de Atenas, en Grecia en 2004, se le ocurrió a la televisora Azteca contratar a mi hermano como comentarista deportivo de boxeo. Si bien mi hermano era un experto en descifrar estilos y realizar estrategias boxísticas, no era un cronista deportivo, su comportamiento era el mismo con micrófono o sin él. Además, la bebida y la droga eran ya sus compañeras. Por lo que la televisora con el afán de tener de su lado al boxeador más grande que había dado México, estaban dispuestos a correr el riesgo.

Al caminar por las calles de Atenas, la gente lo reconocía y se convertía en un atractivo turístico comparado con la Acrópolis y el Partenón, donde los autógrafos y fotografías continuaban acosando a El César del boxeo, aun estando en un país tan lejano.

Mi hermano visitó a los boxeadores que representarían a México en los Juegos Olímpicos. Al entrar al gimnasio donde se encontraban entrenando, el golpeo característico a los costales dejó de sonar: todos se encontraban cautivados por la presencia imponente de Julio César Chávez. Él se dirigió hacia los jóvenes aconsejándolos y les dio tips para atacar a sus contrincantes, también los regañaba y les decía sus verdades a cada uno. A Julio, si no le gustaba la forma o el estilo de algún peleador le decía en su cara que era muy malo y que no serviría como profesional. Abner Mares se encontraba como seleccionado y decía que era el único que haría algo grande en un futuro. Mi hermano nunca tuvo pelos en la lengua y siempre se caracterizó por su sinceridad.

Los estudios de distintas televisoras del mundo se encontraban en línea recta; las cadenas mexicanas Televisa y TV Azteca se encontraban adjuntas. Julio César era el invitado especial como comentarista de la última televisora mencionada. Mi cuñado, Michael Molleda, era su acompañante y me platicaba que cuando Julio se sentaba en el set de TV Azteca, veía pasar a todos los que trabajaban con las distintas televisoras nacionales e internacionales. Michael se entretenía con las ocurrencias de Julio; si pasaba caminando alguien muy blanco, Julio le decía que se lo iba a llevar a Culiacán a que le diera el sol, si pasaba una mujer hermosa le decía un piropo, y así con cada uno, nadie se lo tomaba a mal, yo creo que por no entender el idioma. Pero ninguno se escapaba del travieso del Cacho.

Cuando pasaban los comentaristas de Televisa les gritaba todo tipo de cosas, incluso al excampeón mundial de boxeo Ricardo Finito López, quien era muy profesional y serio con su trabajo. Finito López caminaba con un libro en su mano derecha, cuando pasó frente a nosotros, Julio le dijo:

—¡Hey, tú, padrecito! ¡Curita!

El Finito continuó caminando con cara de pena ajena y lo saludó:

—Buenos días, güero— así le decía a Julio.

Julio se echaba a reír y continuaba bromeando, nunca con el afán de hacer sentir mal, simplemente por divertirse.

Mi hermano llegaba más tarde de la hora que se le indicaba, pero nadie se atrevía a reprimirlo, sólo le aconsejaban que sería muy bueno para todo el set de televisión que llegara más temprano.

Cuando Julio narraba como comentarista deportivo, su acento y modismos lo delataban, parecía que estaba platicando con sus amigos en el cuarto de las brujas en su residencia de Culiacán, Sinaloa.

El día que se lució fue cuando el seleccionado nacional Abner Mares se encontraba intercambiando golpes contra un boxeador de origen húngaro. Mi hermano narraba la pelea en vivo con su folclórico modo de hablar y se le escuchaba que no se encontraba del todo en sus cinco sentidos. Faltando menos de un minuto para que finalizara el último round, el mexicano se encontraba nueve puntos debajo. Y mientras un analista, compañero de Julio se encontraba narrando el desarrollo del combate, mi hermano constantemente lo interrumpía, conforme pasaba el tiempo se tornaba más agresivo en su hablar, molesto porque no contaban el golpeo al cuerpo que conectaba el compatriota mexicano. Al finalizar el round las puntuaciones favorecían al húngaro por lo que Julio César muy quitado de la pena y con el micrófono abierto dijo: "Aaaah... ¡Chinguen a su madre!"

Nosotros desde Culiacán nos quedamos boquiabiertos y nos echamos a reír. Los comentarios después de ese suceso eran que no lo volverían a contratar. Pero vaya sorpresa, el rating creció de manera considerable. El pueblo mexicano le festejó aquel desliz televisivo y lo aclamaron, solicitando a la cadena de televisión que lo incluyera como comentarista de manera permanente.

ROUND 39

Julio César Chávez internado en un centro de rehabilitación

Al llegar a México, Julio César siguió con su vida de excesos en todos los sentidos. Mi hermano ya no disfrutaba de sus entrenamientos, el amor a su deporte había desaparecido, perdiéndole el respeto a su público y a él mismo.

Julio era consciente de todo lo que perdía irremediablemente, pero aún así, era más fuerte su adicción que cualquier otra cosa. Varias veces sus hijos le pedían con el corazón en la mano que ingresara en una prestigiada clínica en Estados Unidos para combatir su enfermedad. El ídolo mexicano accedió. Éste suceso se manejó de manera muy discreta. Después de unos cuantos días de estar internado, limpió su cuerpo, pero su mente no estaba convencida y volvió a caer en las garras de las drogas.

28 de mayo del 2005: Auditorio Staples Center de Los Ángeles, California. Las localidades estaban agotadas para ver pelear a la leyenda acompañado de su vástago. Julio César ganó por decisión a Ivan Robinson mientras el Junior se adjudicó otra victoria en el primer round, en su pelea profesional número 19.

El Junior ya no aguantaba la presión psicológica que le imponía su padre antes y durante sus peleas. Julio amenazaba a los encargados de la promotora que se encargaban de buscar un rival para el Junior: "¿No está muy duro el peleador que le van a aventar? Lo único que les digo es que si lo avientan al matadero, se la van a ver conmigo, cabrones."

Ponía en grandes aprietos a los *matchmakers*, por ello en muchas ocasiones el rival del Junior no era pieza para la preparación y el aprendizaje que adquiría mi sobrino. Cuando se veía esa desventaja boxísticamente hablando, muchos reclamaban con rechiflas y abucheos. Mi sobrino simplemente cumplía con su trabajo y era el menos culpable, es más, él exigía mejores rivales, pero la promotora consideraba que no era momento de arriesgarlo. Mi hermano no soportaba que alguien del público le gritara algo a sus hijos y sin importarle, les mentaba la madre o se les echaba encima. Lo mismo con los reporteros que opinaban frente a él de manera negativa.

El 17 de septiembre del 2005 mi hermano volvió a tener una pelea, la cual se convirtió en la última. Julio César, desvelado y crudo, perdió ante Grover Wiley. Estoy seguro de que si se hubiera tomado una cerveza o se hubiera puesto una loquera antes de subir al ring lo hubiese noqueado.

El equipo Chávez se encontraba triste por esa derrota. Creo que lo que más lastimó a Julio César fue que su primogénito le reclamara por las condiciones en las que subió al ring.

Sin embargo, Julio agarró la fiesta con todos sus excesos evadiendo sus responsabilidades. El Junior mostró mucha preocupación por su padre. Mi hermano, con toda su grandeza, con todo lo bueno que tenía como ser humano se veía opacado debido a su mundo de drogas. Se había convertido en una amalgama de personalidades entre la idolatría y el desprecio.

Para que se den una idea de lo que pasaba con Julio, les contaré algo: mi hermano estuvo alrededor de un mes en las olimpiadas de Atenas y no recordaba que estuvo allá.

Entre familia hablábamos de internar a Julio, pero nadie nos atrevíamos a someterlo. Fue su propio hijo, Julio César Chávez junior y Miriam (esposa de Julio), quienes tomaron la decisión de internarlo aun en contra de la voluntad de mi hermano.

Entre todos nos pusimos de acuerdo para ver cómo le hacíamos para ayudar al Cacho a que se tratara en un centro de rehabilitación, pues no queríamos perderlo.

El Junior fue el director de la orquesta para que todo fluyera sin contratiempos. Se batalló mucho para convencerlo, por lo que se tuvo que acudir con engaños; se le dijo que solamente visitarían el lugar para ver qué le parecía y si no le gustaba no se quedaría.

Fueron sus hijos quienes lo acompañaron a dicho centro de rehabilitación. Julio no se convenció y al llegar al hotel lo durmieron. De ahí lo trasladaron a lo que sería su hogar por más de un año.

Julio César abrió sus ojos en el centro de rehabilitación. Se encontró desconcertado y confundido al darse cuenta de que estaba internado; intentó salir del lugar y empezó a luchar con varios de los encargados del centro, quienes finalmente sometieron a un Julio César que se sentía traicionado y con mucha rabia en contra de los que lo habían encerrado. Pero tenía que enfrentar a sus demonios en un lugar sin salida. Las primeras semanas lo trataron muy mal, después de un mes el director de granja lo llevó a un mejor lugar, dentro de las mismas instalaciones.

Fue hasta después de dos meses que nos permitieron verlo de acuerdo con el reglamento y el proceso de recuperación.

Acostumbrado a ver a mi hermano como un gran líder, triunfador y lleno de vida, fue triste encontrarlo encerrado, en esas condiciones, sentí mucha ternura hacia él y gusto a la vez por verlo diferente, desintoxicado, después de tantos años de llevar consigo una vida en malas condiciones.

Julio necesitaba de la vitamina de su familia. Mi hermano ya gozaba dentro del centro de rehabilitación de ciertos privilegios, por lo que aprovechamos esto para pedir autorización para realizar allí el campamento de preparación del Junior.

Al poco tiempo, de manera voluntaria, se internaron mis otros dos hermanos: Ariel y El Borrego.

Después de la rehabilitación, Julio me platicó que lo trataron de lo peor y se había sentido muy humillado. Tenía mucho resentimiento por el trato recibido. Tal vez era parte del tratamiento, quizá muy efectivo en ciertos casos, pero ése fue su sentir.

Julio César se encontraba limpio y quería rehacer su vida, sanando las heridas que había hecho de manera inconsciente a aquellos que más quería. Como les he dicho, el Cacho es cabrón pero con un corazón de pollo.

Está de más decir que todos los que rodeábamos a mi hermano nos encontrábamos muy contentos de verlo íntegro y feliz.

Cuando mi hermano salió del centro de rehabilitación su sombra había crecido. Y me refiero a los acompañantes que llevaba a su lado en todo momento que se denominaban "los padrinos de Julio César Chávez".

Yo me daba cuenta de que sí cuidaban a Julio de que no volviera a recaer. Pero Julio se cansó de la falta de privacidad, por eso los alejó después de varios meses de inseparable convivencia.

Julio era mucho más tranquilo, más maduro, todo marchaba bien, pero al poco tiempo me di cuenta de que las llamas del infierno de las drogas empezaban a quemar a mi hermano. De repente me tocaba verlo con cerveza en la mano. Y lo demás sólo me lo imaginaba, pero no andaba errado.

El Junior tenía fecha para su pelea y necesitábamos dar inicio a la preparación. Julio César nos dijo que el campamento de dos meses lo realizaríamos en la Ciudad de México, en la casa de Jorge Kahwagi, como invitados especiales.

Kahwagi era fanático del boxeo y fiel seguidor de Julio César, tenía todo lo que requeríamos para entrenar: ring de boxeo, caminadoras, sauna, pesas, aparatos de gimnasio de box y, por si fuera poco, tenía algo para Julio César: una cava de vinos impresionante; con botellas de cosechas selectas para los gustos más refinados. Dicha cava estaba a nuestra disposición por parte de uno de los mejores anfitriones que he tenido la dicha de conocer hasta el momento. Verdaderamente una finísima persona. Recuerdo que le decía a Julio: "Nunca me imaginé tenerte aquí en mi casa campeón, no sabes el gusto que me da."

En eso llegó un chimpancé vestido de etiqueta acompañado de una persona que estaba al cuidado de Ramón (nombre del chimpancé). Nos causó mucha gracia ver aquel primate tan elegante. Los muchachos se encontraban también con nosotros (el Junior y Omar).

Omar era el más inquieto y no recuerdo por qué motivo, pero sin razón suficiente, Julio le pegó una cachetada a Omar. El niño sólo agachó su cabeza sin recriminarle nada a su papá. Inmediatamente intercedí y le dije: "Compa, no le pegue." Julio César recapacitó y se detuvo. Sabía yo que la cachetada dada a su hijo era más dolorosa para Julio porque los amaba más que a nada, pero su carácter mezclado con alcohol era incontrolable.

A Omar nunca se le olvida que siempre me metía para defenderlo, cuando no le daba la razón a Julio.

ROUND 40

Julio César intenta quitarse la vida

Aparentemente Julio César tenía todo lo que un hombre ha soñado: dinero, lujos, viajes, poder, mujeres, amigos, salud, libertad, etcétera. Sin embargo, se sentía completamente vacío, solo e infeliz, nada lo llenaba, utilizaba las drogas para escapar de su realidad, pero cada día que pasaba sólo le pedía a Dios que ya se lo llevara.

En distintas ocasiones Julio César decía haber visto al mismo demonio, desafiante en la entrada de su casa... Julio simplemente inclinaba su cabeza desviando la mirada para esquivar aquella macabra visión.

Su vida vacía y sin sentido lo llevó a dar el siguiente paso en falso... Se dirigió a su oficina (dentro de su residencia), se sentó en la silla forrada en piel frente a su escritorio y abrió un cajón donde se encontraba una pistola cargada. La tomó entre sus manos y empuñándola con fuerza se colocó la pistola en la cien y pensando solamente en que ésta le arrancara la vida de una buena vez, tiró del gatillo... La bala que había sido accionada para que le quitara la vida por fortuna se había trabado. Julio César dirigió su mirada al cielo y quedó extasiado con la imagen más poderosa que jamás hayan visto sus ojos.

Cacho mencionó haberse convertido en uno de los pocos privilegiados en la historia de la humanidad en haber visto a Dios todopoderoso. Pero aquel momento de éxtasis se vio interrumpido al ingresar corriendo a la oficina su cuñado, Michael Molleda, para arrebatarle el arma y llevárselo de ahí.

Nuevamente internado en un centro de rehabilitación

El día a día de mi hermano era como una caída inminente a un precipicio. Antes de presenciar tal impacto que dejaría a mi hermano sin vida, Julio César se internó de nueva cuenta en un centro de rehabilitación, en Tijuana.

Pasaron más de seis meses para que la vida le sonriera de nuevo. Julio César empezó hacer conciencia de toda la grandeza que había logrado y el legado que dejaba en el mundo del boxeo.

Disfrutaba los alimentos cotidianos cuando antes comía sólo por comer. Sus hijos continuaban siendo su prioridad y trataba de superar resentimientos pasados. El vínculo con mi madre era más fuerte. Y las oportunidades venían a él como un imán.

Julio César se encontraba tan limpio y motivado que los dueños del centro de rehabilitación lo invitaron a asociarse con ellos para abrir otro espacio en la Ciudad de Tijuana.

Mi hermano aceptó, convencido del proyecto y más aún, porque él era un testigo vivo del cambio de 180 grados que mejoró su vida.

A los pocos meses, debido al éxito de la clínica, realizaron una ampliación de la misma.

Julio César quiso seguir ayudando a su gente, por lo que tomó la decisión de convertir su residencia de Colinas en Culiacán, en una clínica de rehabilitación.

Mi separación con el Junior

Esto es algo de lo que me cuesta mucho trabajo hablar. Pero en este libro les comparto lo más íntimo de mi vida con mi hermano. Y como sus hijos son parte de mi sangre, es por eso que les narro de manera breve este episodio duro que me tocó vivir.

Los años de gloria de Julio César Chávez González (hablando en términos de boxeo), ya habían pasado. Y como les dije, mi hermano fue muy dadivoso con nosotros. Gracias a Dios, yo ya me había hecho de mi casa y unas cuantas más para mis hijos, pero ya no palpaba aquellas pacas de dólares que años atrás acariciaban mis manos. Eso no importaba, porque con Julio César Chávez junior, aquello se veía venir a la vuelta de la esquina. El Junior cada vez se cotizaba más con las televisoras y se mantenía en el terreno profesional invicto con mas de treinta peleas y ya habíamos conseguido clasificarlo mundialmente, ganando el cinturón del Consejo Mundial de Boxeo Latino y el Cinturón Plata del mismo organismo.

Todo marchaba viento en popa cuando de repente hubo un mal entendido con mi cuñado, Michael Molleda y el Junior.

Me llamó el Junior y me dijo que se integraría con nosotros Freddy Roach, como entrenador, solamente para fortalecer al equipo, en eso yo estuve de acuerdo. Me comentó que me enviaría el boleto de avión a finales de semana. Los entrenamientos comenzaron en Estados Unidos y yo continuaba en Culiacán, Sinaloa. Pasaron días, semanas y nada.

Sé que de haberle hablado, al siguiente día tendría mi boleto, pero no lo hice, ni lo haría. El Junior no me rompió el corazón, fui yo quien lo hizo... porque es tanta la unión que se había formado entre nosotros, tan fuerte como el acero, que ambos permitimos que un mal entendido nos distanciara por un lapso. Tiempo en el que siempre le desee lo mejor.

Mi hermano se encontraba entre la espada y la pared. Sin embargo, sabía que el tiempo lo arreglaría todo y así fue.

Entre tanto, necesitaba trabajo, por lo que ingresé al Gobierno del estado en el área que a mí me apasionaba: el deporte. Dependiendo de Javier Cubedo, al cual ya conocía por el medio del boxeo, pues siempre estuvo muy ligado a él.

Javier Cubedo me comentó que quería hablar con Julio César sobre un proyecto para promover el boxeo amateur en Sinaloa y detectar nuevos talentos profesionales. Mi hermano fue convencido del proyecto, con el afán de ayudar a los jóvenes a que se desarrollaran de la mejor manera como boxeadores, seres humanos y les fuera redituable... así nació la promotora Julio César Chávez Factory.

La vida le sonríe de nuevo a carcajadas

Julio César Chávez disfrutaba de cada respiro que le regalaba la vida. La gente nunca lo dejó de querer, al contrario, a donde fuera era bienvenido con sonrisas, elogios y aplausos. Su ángel brillaba con más fuerza, se le veía feliz y realizado.

Ahora, en las reuniones familiares, se ofrecían los mismos banquetes deliciosos, música alegre, pero nadie bebía alcohol. El ambiente que se vivía era totalmente sano. Y mi mamá como pilar principal de la familia.

El Consejo Mundial de Boxeo realizó su convención anual número 52 en Las Vegas, Nevada. En dicho evento mi hermano fue el invitado de lujo, ya que Records Guinness le dio su reconocimiento por las marcas mundiales de:

Velada con más público en la historia del boxeo, en el Estadio Azteca del (entonces) Distrito Federal, congregando a más de 132 mil espectadores en el año de 1993 contra Greg Haugen.

De igual manera se le haría entrega de un segundo reconocimiento por sumar más peleas de título ganadas, en una carrera que lo llevó a ser cinco veces campeón del mundo en tres categorías distintas.

> **"El boxeo sigue siendo el mismo y este récord representa la pasión que tenemos los mexicanos por este bello deporte",** mencionó **Julio César Chávez.**

A su vez, don José Sulaimán invitó al gobernador en turno de Sinaloa, el licenciado Mario López Valdéz, a través de su hijo y hoy presidente del CMB, el licenciado Mauricio Sulaimán, para hacerle entrega de un reconocimiento muy especial debido a la difusión realizada en pro del boxeo en Sinaloa y sus resultados en infraestructura, campeones mundiales sinaloenses, posicionamiento amateur en olimpiada nacional y eventos profesionales con televisión abierta a nivel nacional e internacional.

Óscar de la Hoya, Mike Tyson, Erick, Morales, Héctor Macho Camacho y todos los consagrados del mundo del boxeo se encontraban en el mismo recinto privado, donde Julio César se movía como un tiburón blanco dentro de una pecera: todos le rendían respeto y admiración.

Se acercaba la Navidad del año 2014 y Julio César me dijo que quería ayudar a los niños para que tuvieran un juguete para el 25 de diciembre. El Gobierno Estatal de Sonora montó un evento de boxeo donde la figura principal fue mi hermano, pero como peleador. Después de diez años de retiro decidió realizar una pelea de exhibición. Mi hermano realmente se arriesgaba aun cuando el encuentro era con caretas cerradas. Julio César había sido operado de su nariz y se le había prohibido boxear por recomendaciones médicas. El día del evento la gente respondió entregándose a El César del boxeo.

"Gracias a todos ustedes por venir y apoyar con un juguete para niños de escasos recursos, por eso me subí, tras diez años sin hacerlo, en un ring. Me cansé, se pierden los reflejos, pero con mucho gusto me arriesgué para beneficio de los niños." puntualizó Julio César.

El lunes 8 de septiembre del 2015 se realizó una reunión en el Auditorio Nacional encabezada por el presidente de la República Mexicana, el licenciado Enrique Peña Nieto, para los 300 líderes más influyentes en México.

Mi hermano fue sentado en la mesa principal frente al presidente, allí compartió alimentos con algunos de los empresarios más importantes de México.

Al poco tiempo volvió a la capital mexicana como invitado a una conferencia de prensa donde se encontraban representantes de la Secretaria de Salud de diferentes entidades de la república, entre otras personalidades. El presidente de la República Mexicana dio a conocer el "Programa de Prevención y Atención de Adicciones". Mi hermano compartió su experiencia de vida y fue nombrado embajador del programa.

"Es un orgullo ser parte de este programa, esto me compromete a seguir dedicándome como hasta ahora, como embajador del mismo y vamos a preparar un programa para ser el portador de este mensaje a través de pláticas de concientización." Expresó Julio César Chávez.

Lo felicitaron y tomó asiento en primera fila. El presidente Peña Nieto se dirigió a mi hermano diciendo:

"Me da mucho gusto saludar a Julio César Chávez, a un muy distinguido mexicano y pugilista que nos ha llenado de gloria y de orgullo a los mexicanos."

Mauricio Sulaimán, presidente del Consejo Mundial de Boxeo, quien estuvo junto a Julio en todo momento, comentó:

"Fue motivante ver el compromiso de un gran ídolo como Julio César Chávez y el reconocimiento que le hizo México al designarlo como un embajador. El presidente platicó mucho con él."

"Nosotros, como organismo, respaldaremos a Chávez, nos uniremos al Programa y así como ratificamos nuestro programa antidopaje en el boxeo, también promoveremos la prevención. Julio es el embajador y seguramente habrá muchos boxeadores más que se unirán."

El día 5 de febrero del 2015, Julio César Chavez González cumplió 35 años a partir de su debut profesional y se le honró con una estatua en el parque J.S. Millán (lugar en donde debutó como boxeador profesional).

En la puesta de la primera piedra, Julio César Chávez González frente a cientos de testigos, con micrófono en mano hizo una remembranza de sus inicios y mi mamá se conmovió con lágrimas en los ojos cuando dijo:

"Todo se está dando gracias a mi recuperación. Si no me hubiera recuperado, si no hubiera dejado la droga y el alcohol, definitivamente todo esto no hubiera sucedido, ya estaría muerto."

"Me siento bendecido por Dios, porque creo que valió la pena todo el esfuerzo, toda la dedicación, toda la disciplina que hice en el boxeo."

El día de la develación de la estatua, Don King, Mauricio Sulaimán, Jimmy Lennon junior, Richard Steele, el hijo del Santo, Yolanda Andrade, el Azabache Martínez, el Piojo Herrera y todas las personalidades que formaron de alguna manera parte importante en la carrera de Julio César, al igual que personalidades de gobierno, amigos, familiares, boxeadores y alrededor de diez mil personas, acompañaron a la leyenda viviente.

El legendario anunciador tomó el micrófono e hizo vibrar a las multitudes cuando, con su característico timbre de voz, dijo en español:

"Demos la bienvenida a la leyenda y orgulloso guerrero de Culiacán, Sinaloa, México. Demos la bienvenida al cinco veces campeón mundial en tres categorías. Aquí está el legendario, el único, el sensacional, el gran campeón mexicano... Julio César Chávez."

Julio César, con su sonrisa de oreja a oreja, bromeó con todos los presentes. Mostró humildad al decir que él no se consideraba el mejor boxeador, dijo que simplemente cada quien fue bueno en su época. Entre risas y momentos de seriedad dijo:

"Lo bueno es que Don King no habla, español: ¡Que me devuelva mi dinero! Ja, ja, ja, ja, ja, ja..."

"Esta estatua no es para mí, es para todos ustedes (mi gente) la verdad, porque siempre me dieron todo su apoyo, yo siempre peleaba para ustedes, la verdad, y siempre me han recibido con los brazos abiertos."

"Richard Steele ¿Vieron la pelea de Meldrick Tylor? Ahh bueno, él fue el réferi, y como iba perdiendo le dije que le iba a dar un millón de dólares si le paraba la pelea y me dijo: ¡Échamelos! Ja, ja, ja, ja, ja, ja, ja..."

"La que me dio la vida, mi madre... (mencionó cómo cuando incursionó en este deporte le prometió que le daría una casa)."

Presentó a cada uno de los invitados que se encontraban sentados en el estrado. Los que pasaron al micrófono hablaron sobre la grandeza de mi hermano, las grandes batallas, su enorme liderazgo, su lucha contra las drogas y el orgullo que representa para todos los que fuimos tocados con su magia.

A los pocos días se le hizo otro reconocimiento en Miami, Florida y semanas más adelante se le realizó otro más en Las Vegas, Nevada, a través del prestigiado Consejo Mundial de Boxeo.

En un par de semanas recibí una muy buena noticia: mi sobrino Julio César Chávez junior me quería de nuevo dentro de su equipo de entrenamiento. Los sentimientos encontrados se diluyeron y de inmediato acepté. En una semana ya me encontraba en Lake Tahoe City, Estados Unidos, compartiendo mi vida con mi sobrino.

Julio César Chávez junior escribía su propia historia con altos y bajos, como cualquier ser humano, pero a fin de cuentas era el camino que él estaba trazando con la certeza de que era el trayecto correcto a seguir.

Me encontré con mi sobrino más maduro en todos los sentidos. Pero con su misma esencia noble y dispuesto a luchar por lo que él creía. Sobre todo, lo que más gusto me dio fue verlo feliz.

De igual manera encontré distintas formas de preparación a las que el Junior ya les era fiel. Manejando cargas de entrenamiento distintas a las tradicionales. Acompañado de su esposa, quien le apoyaba en todo momento y con su hija, aquella hermosa princesa quien era la luz del Junior y le iluminaba el rostro con su sonrisa angelical. Mismo efecto que ocasionaba con el orgulloso abuelo Julio César Chávez González, a quien se le endulzaba el corazón con mimos, juegos y caricias cada vez que la veía.

Julio César, con más de 50 años, vuelve al cuadrilátero

El Cacho continuaba haciendo conciencia sobre la prevención a las drogas (#UnGanchoALaAdicción) mediante las redes sociales, en ellas era seguido por cientos de miles de personas que estaban pendientes sobre la vida de mi hermano; de igual manera ayudaba con pláticas. A ciertas personas que no podían pagar una clínica, Julio César los ayudaba. Los ingresos que captaba la clínica eran superados por las mismas necesidades. Por ello nació la fundación Julio César Chávez. Y la mejor manera de recaudar fondos era llevando a cabo una pelea de exhibición donde el sensacional Julio César Chávez expondría su físico, ya que por recomendaciones médicas no podía recibir golpes en su frágil tabique nasal.

Se decía que le ayudarían boxeadores profesionales amigos de él para tener un poco de cuidado y no provocar un accidente irreversible. Sin embargo Julio en son de broma, dijo que invitaría a Mario Azabache Martínez para realizar unos dos rounds.

La pelea de exhibición que se anunciaba estaba levantando mucha polémica, dado que 31 años atrás se habían enfrentado en una sangrienta batalla.

Julio César se mantenía en forma y cerró sus entrenamientos en una semana, su trabajo en el gimnasio era digno de cualquier campeón mundial. Si bien su condición no era la misma, sí lo era su clase y las agallas que siempre lo definieron como el mejor.

Las redes sociales se inundaron de comentarios positivos. Los boletos para ver la pelea, cuyo objetivo era ayudar a una buena causa, se encontraban agotados.

En el evento participaron peleadores amateur y excampeones nacionales que pelearían con caretas para su protección.

Julio César Chávez, a escasos días de cumplir 53 años, se encontraba en su camerino con sus manos ya vendadas, vistiendo un short blanco con su clásico toque en lentejuelas. Aquella sensación que removía sus entrañas cuando se encontraba en la cima del boxeo y estaba a punto de pelear, le volvió a invadir y exclamó entre las pocas personas que se encontraban acompañándolo: "Es increíble lo que estoy haciendo... de verdad que estoy pendejo. Todo empezó como de juego y mírame nomás, que pinchi necesidad de estar sintiendo esto. Pero todo sea por ayudar a quien más lo necesite."

En eso se acercó un reportero y le pidió permiso a mi hermano para realizar una pequeña entrevista a escasos momentos de subir al ring. Julio accedió con gusto y el reportero le dijo en términos generales que acababa de estar con el Azabache y estaba muy agradecido por esta oportunidad para alejar a los monstruos que le persiguieron por muchos años, ya que después de haber enfrentado a Julio César Chávez la vida de los dos cambió: al Azabache se le vino el mundo abajo con una racha de problemas personales mientras que al nuevo campeón le surgió un mundo nuevo lleno de oportunidades.

Julio respondió que efectivamente así ocurrió y para su desgracia el Azabache enfrentó a dos peleadores muy duros en peleas titulares (Roger Mayweather y Azumah Nelson) después de él, y para colmo una de ellas muy polémica en donde muchos vieron como triunfador al Azabache, luego dijo: "Sin embargo, yo le tengo aprecio y le agradezco que apoye a esta noble causa."

El César del Boxeo se puso de pie y empezó a realizar movimientos de sombra cuando se quejó de un dolor en la parte lumbar, pero eso no lo desmoralizó, por el contrario, se mantuvo de muy buen humor, reviviendo dentro de él aquellos días en los que se encontraba en la cúspide del boxeo, en sus momentos de indiscutida gloria.

Al salir del camerino rumbo al ring la música de mariachi empezó a hacer eco en el recinto atiborrado de gente, ya no cabía ni un solo alfiler. Su cinta roja envolvía su cabeza con la leyenda: "¡Hay tiro! J.C. Chávez." Una caravana de personas le abría camino entre todos sus seguidores y los teléfonos celulares aparecían a la vista de El César del boxeo captando videos y fotografías de aquel memorable suceso.

Julio César ingresó al cuadrilátero y saludó a su contrincante, quien había sido el primero en llegar al encordado. Luego se dirigió a los cuatro lados del ring para saludar a su gente, quienes le contestaron con gritos y aplausos.

El equipo completo de televisión Azteca se hizo presente. Los comentaristas narraban el suceso con el micrófono abierto para la televisión así como para el auditorio.

Al sonar la campana, ambos peleadores, de manera muy elegante empezaron a medir su distancia lanzando golpes con la intención de conectar. La clase que derrochaba Julio César era magistral. Su trabajo al cuerpo y combinaciones no se hicieron esperar. Mario Martínez hacía lo propio de manera natural cayendo en un toma y daca, al final la campana anunció el final del primer asalto haciendo retumbar el auditorio por el estruendo del público, quienes eran los que se llevaban la mejor parte de tan apreciado espectáculo.

Existía la preocupación por parte del equipo Chávez de que el tabique nasal del Cacho recibiera un golpe sólido; sin embargo, Julio César durante el segundo round, sin cuidado alguno, se entregó a su público en un agitado combate frente a un Azabache que no daba tregua.

Para el tercer asalto Julio César se abalanzó sobre el Azabache quien de inmediato le respondió. Mi hermano hizo gala de sus movimientos de pierna y cintura pero sobre todo de su gran virtud para atacar a su oponente. La magia que se generó aquella noche envolvió al auditorio cuando ambos maestros se pararon al centro del cuadrilátero a intercambiar golpes al rostro, sin que a ninguno de los dos les importara nada más que golpear al contrario. El reconocimiento de todos y la euforia hizo que los presentes se pusieran de pie acompañado de un sonoro aplauso. Ambos boxeadores nos dieron una cátedra de lo que bien se aprende nunca se olvida.

Terminaron con un gran abrazo en donde el ganador fue el público.

El sensacional Julio César tomó el micrófono y agradeció al público e hizo hincapié que ha vuelto al entarimado sólo por una noble causa y dijo reconocer que él ya está viejo y acabado. De inmediato el gran respetable le reclamó diciendo que no está acabado y que tiene mucho que dar, que se vio muy bien, le daban las gracias, en fin. Solamente le gritaban cosas positivas mientras mi hermano les sonreía.

Mi sobrino Omar, quien venía de ganar otra pelea, estuvo presente junto a mi mamá quien por primera vez había visto a su hijo peleando en vivo. De igual manera sus hijos Nicole y Christian Chávez habían venido de fuera para acompañar a su papá. Mis hermanos, su esposa Miriam y varios familiares apoyaban al Cacho, quien nos había hecho recordar sus momentos de gloria.

Julio César continúa vigente

En menos de un mes, Julio César Chávez acompañó a su hijo mayor a la pelea que tenía en puerta contra Marcos Reyes (32 ganadas y sólo 2 derrotas), en el Don Haskins Convention Center, en el Paso, Texas, Estados Unidos.

El Junior venía de perder contra el peso semicompleto Andrzej Fonfara. Por lo que se tenían grandes expectativas sobre su regreso. Así lo demostraban las entradas al recinto.

En la esquina se encontraba conmigo Robert García. Mientras mi hermano se encontraba a escasos tres metros de distancia de nosotros, muy atento a lo que sucedía. El Junior, a pesar de haberse quebrado una mano en el cuarto episodio, salió con las manos en alto por lo que todo el equipo nos encontrábamos más que contentos.

De regreso, en el aeropuerto de aquella hermosa ciudad, viví momentos de admiración cuando la gente se abalanzó sobre mi hermano. Niños, mujeres y hombres de todas las edades lo abordaban para conseguir una foto, autógrafo o simplemente felicitarlo y estrecharle la mano.

223

Parecía que por unos instantes se regresaba el tiempo, cuando Julio César ganaba una de sus épicas peleas... La realidad era que mi hermano seguía brillando al igual que años atrás.

Fue tanto el alboroto en aquel lugar que la policía del aeropuerto lo tuvo que escoltar, formando una valla humana a su alrededor. Julio, sin embargo, le daba gusto a la gente, permitiendo que fueran hacia la gran estrella de forma más ordenada. El Cacho seguía brillando con las nuevas generaciones.

Transcurrieron unos días y Julio César festejó su cumpleaños en compañía de su familia. La droga y el alcohol ya no cabían en su vida. Mi hermano estaba blindado y comprometido consigo mismo.

Continuando con su labor altruista, Julio César visitó un hospital de niños que se encontraban en etapa terminal, luchando contra el cáncer. En realidad no le gusta visitar esos lugares porque lo entristecen mucho, simplemente no puede asimilar cómo esas criaturas tan inocentes estén por culminar su vida en ese lugar. Sin embargo se sentía con el compromiso moral y al salir de ahí dijo:

"La vida da lecciones, hoy yo aprendí que debemos tener fuerza y espíritu ante todo tipo de situaciones, hoy visité en el hospital a Rafa Vladimir. Y convivimos un momento, yo lo hice feliz y él me hizo feliz al darme cuenta que es un niño, que a pesar de la situación que está viviendo aún conserva una gran sonrisa, sentí un cúmulo de emociones al estar con él, fue un gran momento para los dos. Este mes es el mes contra el cáncer, les pido a todos brindemos una oración por todos los que están padeciendo esta enfermedad tan difícil de llevar, Dios los bendiga a todos."

A los pocos días Julio César visitó el gimnasio de Freddie Roach, donde se encontraba entrenando la figura del momento: Manny Pacquiao.

Después de entrenar le dijo a mi hermano:

—Julio César Chávez es mi ídolo. Cuando inicié en el boxeo, en 1992 no había dvd´s y yo tenía muchísimos VHS de usted.

—Quiero recomendarte que trabajes mucho al cuerpo, golpea al cuerpo, la cabeza cae sola.

Julio lo abrazó y Manny se veía conmovido por el buen gesto de mi hermano. A los pocos meses ocurrió lo mismo, pero ahora con Floyd Mayweather junior.

Julio César volvió a Las Vegas, Nevada, a trabajar con ESPN para cubrir el pesaje de Canelo y Floyd Mayweather junior, considerado este último por muchos como el mejor boxeador activo libra por libra.

—Yo quiero preguntarle a Floyd —dijo Julio César Chávez—, lo veo muy tranquilo muy relajado, "very happy" —hay risas—. El Canelo ha estado diciendo que te va a ganar, que él sabe cómo ganarte, que tú corres, que él sabe como ir tras de ti, que no se va a desesperar ¿Si el Canelo no te ataca tú lo vas atacar, Floyd?

—Absolutamente, yo voy tras el Canelo. La diferencia es ésta, si yo estuviera enfrentando a un hombre como el que tengo ahora a mi lado —se refería a mi hermano—, que es una leyenda, quien representa a México al máximo, estaría con mi mejor golpeo —Floyd le toma el hombro a Julio César—. Julio es uno de los más grandes de todos los tiempos, yo vi todas sus peleas no sólo las que tuvo con mi tío.

Algo similar ocurrió durante otra transmisión en vivo que se dio donde Mayweather empezó adular a Julio y lo reconoció como el mejor de todos.

Realmente era de admirar cómo alguien con el ego tan grande como una montaña, tuviera esa humildad frente a mi hermano y eso se lo reconozco.

El Junior enfrenta al Canelo

Después de muchos años de rivalidad deportiva entre mi sobrino Julio y el Canelo, finalmente llegamos a un acuerdo en el cual el Junior tendría que bajar a un peso que no había dado desde hacía años y el Canelo subiría para así pactar la pelea.

Con Óscar de la Hoya como promotor del evento y mi hermano respaldando a mi sobrino, se hacía una excelente combinación para una gira promocional exitosa.

Me llamó mi carnal y me dijo que empezara a mover al Junior porque por vez primera lo concentrarían en el Centro Ceremonial Otomí. Me dijo que se incorporaría al equipo don Nacho Beristain y un nuevo preparador físico para que mi sobrino fuera bajando de peso gradualmente y no sacrificar masa muscular ni condición física.

Apenas nos encontrábamos en el mes de diciembre y el Junior ya empezaba a trabajar en el gimnasio. Eso no ocurría desde sus inicios de carrera cuando lo traíamos como soldadito. Me gustó ver que por iniciativa propia el Junior empezaba a tomar buenas decisiones en su carrera.

Al iniciar la gira promocional, el Junior llegó en buena forma, no como usualmente llegaba, con bastante peso encima. De eso se dieron cuenta todos. Ambos equipos estábamos muy confiados. Julio (mi carnal) se sentía muy seguro y creía muy posible que el Canelo no le aguantaría la presión.

En la gira, cuando aparecía mi hermano, la gente se volcaba en aplausos hacia él. Mientras tanto el pique entre los protagonistas cada vez era más evidente ya que ninguno de los dos tenía pelos en la lengua.

Durante la gira, HBO realizó el programa de "face off" donde pusieron a ambos peleadores para que se dijeran las cosas de frente.

Tanto el Junior como el Canelo se agredían verbalmente sin faltarse al respeto, pero al final del programa ocurrió lo siguiente:

—Dijiste que me ibas a noquear en el ocho —dijo el Canelo.

—Tal vez.

—Te apuesto lo que quieras a que no me noqueas: y no me ganas... te apuesto tu bolsa a que no me ganas.

—Vamos.

Canelo estiró su mano y se la estrechó al Junior para pactar la apuesta y le dijo: "Hecho." Ambos peleadores se lanzaron fuego con las miradas sin que ninguno la desviara.

Al siguiente día fueron al programa de ESPN y al calor de las discusiones Canelo le volvió a decir al Junior:

—Te apuesto la bolsa de los dos. Te voy a dar ventaja.

—Las apuestas están cuatro a uno, si yo le apuesto al casino el casino me va a dar cuatro a uno.

—No le vas apostar al casino, estas apostando conmigo, te voy a dar a ganar... yo voy a ganar cuatro veces más que tú, no importa, es entre tú y yo.

Ambos peleadores se pusieron de pie y nuevamente estrecharon las manos afirmando lo acordado.

Las redes sociales se inundaron de memes al respecto, las noticias tanto en televisión como en periódicos impresos hablaban del tema.

A los pocos días, durante otro programa de televisión:

—Yo no estoy de acuerdo con esa apuesta —comentó mi hermano Julio—, te voy a decir por qué. No es ético, la verdad, no es ético porque, porque con todo respeto no nos interesa el dinero del Canelo, nos interesa lo que el Canelo ha ganado, que ha ganado muchísimo por su disciplina, por su trabajo, por su perseverancia y por lo buen peleador que es, nos interesa lo que el Canelo tiene como peleador, eso es lo que nos interesa, el orgullo, la dignidad...

—Pero ya lo hicieron —respondió el reportero.

—... el prestigio de los Chávez.

—¿Te enojó que apostará?

—Yo no estoy de acuerdo con eso, ya le dije a Julio que no quiero apuestas, yo quiero que la pelea gane...

—Pero se dieron la mano.

—Y qué tiene que se den la mano.

—Pero no hay nada firmado —intervino una reportera.

—¿Y no son hombres? ¿Se dieron la mano o no se dieron la mano? —volvió a preguntar el reportero.

—Por lo mismo —respondió el Canelo—, porque todo va más por encima que el dinero.

—Esta pelea no es por el dinero —insitía mi hermano.

—¿Por qué? Porque él me ha dicho que me va a noquear en ocho rounds...

—Bueno sí...

—...me ha puesto memes... —dijo el Canelo.

—...cada quién puede decir... — habló el Junior.

—Sí, Canelo pero...—le secundaba mi hermano.

—¿Me deja hablar, por favor? —interrumpió Canelo

—Ok.

—Yo por eso lo hice, porque va más por encima del dinero, a mí no me importa mi bolsa, yo la apuesto, si él está tan seguro que me va a ganar, por eso lo dije. A mí no me gusta hablar, ni es mi estilo, pero respondo a lo que él dice... a mí mi bolsa no me importa con tal de hacer ver que si se siente tan seguro de ganarme... ahí está todo.

—¿Tú qué dices, Julito? —preguntó la reportera.

—Yo más que lógicamente me siento seguro de ganarle, si no, no hubiera tomado la pelea, claro que pienso que lo puedo noquear, en el ring se le puede noquear a todos, todo mundo se ha caído. Siento que a lo mejor la apuesta pudo haber sido irresponsable. A mi papá no le gusta, yo sé que nunca le ha gustado apostar en el deporte porque él lo ve de otra manera...

—Sí —asintió Julio César— porque se puede interpretar mal. Por ejemplo, vamos a poner un ejemplo Canelo. Tú pusiste unas cláusulas ahí que si Julio se pasa media libra vas a cobrar un millón de dólares, me entiendes...

—Es para ser responsable —respondió Canelo.

—...entonces si a la hora de la pelea Julio se pasa 4 o 5 libras...

—Es para la responsabilidad.

—Por eso se puede interpretar mal ¿me entiendes?

—Esta bien y respeto lo que usted dice; yo solamente lo dije por eso, porque para mí esto va más por encima de cualquier cosa.

—Así es, esta pelea es para todos los mexicanos y es por orgullo.

—Y por eso le hice esa apuesta porque a mí no me interesa la bolsa, me interesa el orgullo. Él me ha dicho —Canelo señaló al Junior — y me ha puesto memes.

—Los memes son lo de menos, Canelo, las críticas... ¿Te molestan mucho las críticas? —preguntó David.

—No, no, no, es mi rival, de críticas de otras personas no, es mi rival, es totalmente diferente.

—De acuerdo, si tú y Julio sí quieren hacer una gran apuesta, yo les propongo, pongan su bolsa los dos para un buen fin, no sé, donen el dinero a México, para gente que necesita ayuda, México es un país con mucha necesidad, los migrantes... dinero siempre se necesita.

—Si yo ganaba la apuesta —decía Canelo—, yo iba a poner una parte para los migrantes aquí en Estados Unidos.

—¿Y tú Julito? —preguntó el reportero.

—Claro que sí, lo de la apuesta no me interesa, si se hace o no se hace, mi mentalidad es la misma.

—¿Pero se dieron la mano, no?

—Sí pero tenemos que llegar a un acuerdo, es bastante dinero y tenemos que firmar algo donde se estipulen muy bien las cosas. Porque no voy a llegar de palabra después de la pelea: "Te gané Canelo, me debes el dinero." No pues... me va a decir si te di la mano pero...

—O sea, tú dudas que el Canelo te pueda a pagar

—¡Mira deja las apuestas ya, por favor! —Julio César se alteró, levantó la voz y le dijo enérgicamente al reportero—. Hombre, deja ya las apuestas, esta es pelea de hombres, no son payasadas, déjate de cosas.

—Tú dijiste...

—¡Ya déjate de cosas! —Julio César miró fijamente a los ojos y señaló al reportero con la palma de su mano de forma desafiante y muy molesto.

—Julio...

—¡Ya déjate de cosas te estoy diciendo, ya, por favor!

—Julio, tú dijiste... —insitió el reportero.

—¡Esta es una pinche pelea muy esperada por todos!

—Sí claro, todos...

—¡Entonces ya, déjate de cosas!

—Dijiste lo de las libras... —continuó el reportero.

—Aquí lo que interesa es el orgullo, la dignidad, ¡es todo, ya!

Todos los involucrados empezaron a hablar al mismo tiempo, en eso le permiten hablar al Canelo para decir algo que demostró humildad y respeto ante mi carnal:

—No es ni promoción a la pelea ni mucho menos, yo por eso le dije a la gente que no me gustaría que se estuviera diciéndose más lo de la apuesta, porque a veces la gente lo toma a mal. Pero yo lo respeto mucho y para mí... o sea, yo veía tus peleas para aprender y lo respeto mucho, mis respetos para usted, yo por usted dejo aquí todo, por usted. Por usted nada más, yo soy un hombre y tengo palabra, pero si usted quiere...

—¿En este momento se cancela la apuesta? —preguntó el reportero.

—Por él, si él dice que así se haga, yo lo respeto a él —Canelo se refería a mi carnal.

—A mí me parece muy sano lo que dice Chávez papá y lo que dice el Canelo —David enfriaba las cosas—; yo creo que esto es inútil, tú no puedes jugar con tu sueldo.

—Pero a ver... —insistía el reportero— ¿No hay un pacto de caballeros?

—A ver, pero esto no es un show, esto es una pelea de boxeo seria, son boxeadores serios.

Julio César Chávez (papá) ya muy molesto por la insistencia del reportero le contestó a punto de explotar:

—¡Ya déjate de cosas tú, ya! Apuesta tu sueldo, tú apuéstate, tu sueldo...

—¿Una lanita?

—¡Ponte los guantes conmigo! —mi carnal se lo dijo en serio y de forma desafiante, mientras el Junior sonreía porque ya sabía lo que podría seguir.

—¿Una lanita?

—Sí, póntelos conmigo.

—Me ganas —el reportero se echó a reír para calmar la tensión que había creado, Julio César le correspondió con una sonrisa y David levantó la mano y dijo que apuesta su sueldo por Chávez papá, quien añadió:

—No es ético, la verdad.

—La noticia del día es que se cancela la apuesta.

—Así es.

—Aquí la exclusiva es... ¿Se cancela la apuesta? —el reportero volteó a ver al Canelo.

Canelo simplemente estiró su mano izquierda y abrió la palma de su mano en señal de que lo que decida Julio César (Papá) estaba bien.

—¿Estás de acuerdo, Julio? —el reporteron ahora le preguntó al Junior.

—Sí, aquí Canelo le da la razón a mi ...

—Yo respeto al señor y no quiero que... yo lo respeto... —lo interrumpió Canelo.

—Aquí esta pelea es por dignidad, es por orgullo, no por dinero —dijo Julio César.

—¿Qué te parece entonces lo que hace por ti el Canelo? —el reportero se dirigió hacia mi hermano Julio—. Eso que te está diciendo.

—¿Qué hace por mí? No, no, al Canelo siempre le he tenido un gran aprecio la verdad y lo admiro como peleador y como persona.

—Ok, porque lo está haciendo por ti. Ahora, las cláusulas de las libras... Julio, también las dijiste. ¿Tienes desconfianza en que Julio no de el peso?

—No, de ninguna manera tengo desconfianza, yo confío en que Julio va a dar bien el peso, se está cuidando muy bien, eso no va a ser ningún problema. A mí lo que me chinga, quiero que quede bien claro, no me da miedo la apuesta, la verdad, con todo respeto, pero se ve mal, no es ético la verdad, con todo respeto, es un deporte de contacto, me entiendes, es muy duro, muy difícil, entonces, esta es una pelea para todos lo mexicanos, esta pelea es de orgullo, es de orgullo ¿me entiendes? Yo sé que ellos dos van a hacer una gran pelea y que gane el mejor, la verdad, o sea, lógicamente yo quiero que gane mi hijo porque es mi hijo...

—¡Claro! —el reportero le dio la razón.

—Pero si Canelo gana, yo a Canelo lo voy a abrazar y a dar la mano y lo voy a felicitar.

El reportero interrumpió a mi hermano comentando en términos generales que su entrevista es cien por ciento profesional, creo que fue por la tensión anterior respecto a la apuesta.

—Una pregunta para Julio junior —tomó la palabra David— ¿El Canelo puede retirarte del boxeo?

—Si pierdo la pelea, sí pensaría en retirarme, no pienso perder esta pelea.

De esta manera se daba por finalizada la entrevista y también la famosa apuesta gracias a mi hermano y a la buena voluntad del Canelo. Así de caliente se vivía el ambiente para el esperado encuentro en nuestra familia Chávez.

El día de la pelea el auditorio T Mobile Arena se encontraba bastante animado y la porra muy dividida. En las apuestas continuaba arriba el Canelo pero ya no con esa diferencia inicial.

En el vestidor nos encontrábamos con nervios pero motivados; don Nacho Beristain, Julio y yo animábamos al Junior mientras él se encontraba relajado, sólo esperando el momento de subir al ring.

En eso Pepe Aguilar empezó a entonar nuestro Himno nacional mexicano, el Junior se quitó la bata y pidió cerrar con unas manoplas de manera tranquila, a punto de que nos dieran la salida hacia el ring.

Al momento de salir e ir detrás del Junior, recordé las noches de gloria de mi hermano. Por unos momentos me transporté a aquellas épocas y de repente ya nos encontrábamos arriba del ring con miles de personas gritando mientras el Junior, con su elegante bata blanca y el característico listón rojo que su padre había impuesto como moda permanente para todos los boxeadores, recorría el cuadrilátero saludando a las gradas y recargando su espalda sobre las cuerdas.

En ese momento hizo la entrada el Canelo con un semblante muy serio, concentrado, se oyeron gritos de apoyo así como abucheos.

Una vez que ambos contrincantes estaban arriba, subió Julio para apoyar a su hijo.

Cuando el presentador Michael Buffer gritó al micrófono su característico: "Let´s get ready to rumble", fue algo muy bizarro ver a mi sobrino frente a este gran compromiso, ver a Óscar de la Hoya acompañando al Canelo, y luego ver a mi hermano... a mí simplemente me palpitaba el corazón y sólo deseaba que todo saliera bien a favor de nosotros. Mi hermano Julio le dió un beso a su hijo mientras yo le dije unas palabras de motivación para bajar del ring.

Al sonar la campana el primero en soltar un golpe fue mi sobrino, quien de inmediato tuvo contestación con tres golpes pero ninguno de los dos conectaba de momento.

Ambos peleadores empezaron a soltar golpes de manera reservada pero muy fuerte. Al finalizar el round Canelo llevaba una ligera ventaja pero ambos se mantuvieron cautelosos.

El siguiente round fue similar al primero, sin embargo, el Junior soltaba golpes cuando se sentía seguro.

Mi hermano le gritaba desde su lugar lo que él consideraba apropiado para el Junior acompañado de gritos de aliento, mi carnal estaba totalmente clavado en la pelea.

Ya para el tercer round a mi sobrino le habían abierto la boca y se veía a un Canelo crecido, trabajando con combinaciones de golpes y llevando la pelea a donde él quería.

Conforme pasaban los rounds el Junior se reservaba más y más en sus golpes. En nuestra esquina había mucha desesperación, en especial cada vez que mi hermano se ponía de pie en su asiento para pedirle que reaccionara.

Yo le decía que ya era momento de tirar golpes, que ya, que no dejara pasar otro round, pero ya.

En tanto el Canelo, durante toda la pelea, jamás se sentó al llegar a su esquina.

Ya para el cuarto round mi hermano se veía algo inquieto y ya no hacía tanto hincapié con la estrategia:

—¡Tira golpes, hijo, tira golpes, por favor!

Para el quito round:

—Regálanos un round con golpes para que el público no se vaya decepcionado.

Del octavo round en adelante:

—Si te noquean no importa, pero dame un pinche round.

Al finalizar la pelea mi hermano subió al ring con tristeza y decepción en el rostro; humildemente se fue a la esquina del Canelo y le dio un abrazo como lo había dicho durante la entrevista, también saludó al resto del equipo aun sin que dieran el veredicto; de igual manera Canelo, con su equipo, fueron a la esquina del Junior y lo saludaron de manera respetuosa.

Yo pude haber apostado hasta mi casa a favor del Junior, realmente había hecho bien las cosas. Los entrenamientos, la alimentación, el pesaje, todo estuvo bien, creo que no se recuperó después del pesaje.

Por otro lado, mi carnal quería entrar dentro de la cabeza de su hijo para entender por qué no tiró golpes, qué fue lo que ocasionó que no detonara dentro de él ese instinto de guerrero que a mi hermano siempre lo caracterizó.

El gran campeón mexicano pensaba que no había justificación alguna, por más cansado, por mas frustrado que estuviera debió tirar golpes, Julio dijo: "Si Julio quiere continuar en esta profesión tiene que cambiar muchas cosas desde la raíz hasta arriba, él no puede seguir así, haciendo las cosas a su manera, valiéndole madre todo... (suspiró) es triste decirlo, pero cuando a la persona le vale madre todo, es valemadrista, no le importan las críticas, no le importa esto, no le importa lo otro, las cosas no funcionan. Ha sido muy muy difícil, la verdad, muy triste para mí, ver cómo mis hijos no cambian, no quieren entender que esta es una profesión que debe respeto al público... entrenan a la hora que quieren, hacen lo que quieren y ya están grandes, me va a pegar un infarto, un derrame cerebral por estarme preocupando."

La verdad era que mi hermano con todo el amor que le tenía al Junior no podía tapar el sol con un dedo. Me dolía verlo así y me dolía ver al Junior, y se los digo porque yo he estado a su lado y he visto a muchos boxeadores y, sin cegarme y sin miedo a equivocarme, les digo que mi sobrino tiene grandes cualidades, mismas que si no las trabajas desaparecen.

Asesinan a mi hermano El Borrego

Este es un tema que no quería tocar porque en verdad me duele, me lastima, sin embargo, en este libro les comparto las cosas mas íntimas, tal y como fueron, que he vivido al lado de mi hermano Julio César.

Como ustedes recuerdan, Rafael El Borrego fue el segundo de mis hermanos. Fue una persona que después de que Julio lo obligó a internarse por su adicción, cambió su vida por completo, para bien. Logró el reconocimiento de toda su familia incluso el de sus hijos. El Borrego era el cabrón de la familia Chávez González que siempre nos mantenía unidos; si uno de nosotros nos peleábamos, él inmediatamente organizaba una comida como pretexto y siempre terminábamos muy contentos. Mi hermano le ayudó a que iniciara con el centro de rehabilitación, el cual dirigía con éxito y ayudaba a muchos jóvenes y adultos a sacar su vida adelante. Lo veíamos pleno, realizado y con muchas ganas de seguir ayudando.

6:05 de la mañana, el teléfono de mi recámara suena y entre sueños atiendo la llamada:

—Rodolfo, ¿dónde está el Borrego? —gritaba Julio con voz alterada.

—No sé, en su casa dormido.

—¡Lo mataron, pendejo, está muerto!

—¿Queeeé? —ya me había colgado el teléfono.

Dejé el teléfono sobre el buró de la recámara y me volví acostar. No podía creer lo que me acababa de decir Julio. Pensaba que estaba soñando y traté de volver a dormir. En verdad hoy pienso que ojalá hubiera sido un sueño.

Minutos más tarde mi celular no dejaba de sonar y le di el teléfono a mi esposa para que ella atendiera las llamadas, yo me encontraba impactado, no encontraba razón alguna sobre la noticia recibida.

Durante el funeral fue muchísima gente a darnos sus condolencias, a nosotros (la familia directa) nos preocupaba mucho mi mamá. Se encontraba devastada, me la llevé a un cuarto adjunto dentro de la funeraria y la senté en un sillón, con su mirada triste me volteó a ver de frente y me dijo:

—Rodolfo, se llevaron a mi Borreguito, esta muerto —dijo rompiéndose en llanto...

—Sí mamá, se murió —le contesté con una sonrisa, pero con un nudo en la garganta.

Le ofrecíamos alimento pero no quería comer, ella se encontraba con ese dolor que la hacía estremecer y le faltaban las lágrimas para externar lo que sentía.

Mientras tanto, Julio César salió por un momento a atender a la prensa que estaba ávida por escuchar al campeón sobre lo sucedido:

—Campeón, hoy todo México se encuentra de luto.

—Sí, la verdad estamos muy consternados, no lo puedo creer la verdad, ayer hablé con mi hermano y hoy lo estoy velando —exhaló y dijo con la voz entrecortada— Dios mío. Es una cosa muy dolorosa, muy triste para nosotros, como su hermano y sobre todo para mi madre que ya está mayor y muy delicada. Lo único que sabemos es que eran tres muchachos; uno se quedó afuera y los dos entraron y le pidieron el dinero, en ese momento no sé cuánto les dio mi hermano de lo que traía y le querían sacar más y como no traía le dieron unos balazos. Yo me enteré ya noche, la verdad y no lo podía creer, o sea se me hacía algo insólito. Pues mi hermano, sabían en lo que trabajaba, ¿me entiendes? él se dedicaba a ayudar a gente que tenía problemas de droga o cualquier tipo de adicción. Él, gracias a mi recuperación, mi hermano también pudo recuperarse. Y lo más triste es que haya perdido la vida por unos drogadictos que no sabemos quiénes son pero vamos a dar con ellos.

—Julio —preguntó la prensa— ¿Fue delante de la familia de Rafael, alguien pudo identificar a alguno de los atacantes?

—No, la verdad no pudieron identificar a ninguno pero tenemos pistas y no se las voy a dar a conocer a ustedes, pero está todo muy avanzado gracias a Dios y esto no va quedar impune, yo se los juro, se los prometo que no va a quedar impune. Porque el Gobierno... desafortunadamente se ha venido una inseguridad en Culiacán, no nomás en Culiacán, en todas partes, está pasando esto en toda la República Mexicana y yo creo que debemos unirnos todos los mexicanos para denunciar, para apoyarnos los unos a los otros porque parece que no hay Gobierno ¿me entiendes? o sea, cada vez mas aumento de asesinatos, de levantamientos. Ahorita fue mi hermano, a lo mejor mañana soy yo. Yo estoy muy indignado, muy enojado, porque yo recibí una amenaza, no de muerte sino de secuestro y le he pedido a las autoridades de allá de Tijuana que me brinden apoyo ¡y se han hecho pendejos! Y no sé que es lo qué están esperando, porque me comunicaron del FBI de Estados Unidos que querían secuestrarme, que querían secuestrar a mi hija también y yo le informé al Gobierno de Baja California y se hicieron pendejos, el director de la policía municipal, el director... todos se han hecho pendejos, la verdad. Y las cosas pasan solamente una vez en la vida ¿me entiendes? yo creo que están esperando a que me pase algo para actuar, pero ¿ya para qué, me entiendes? Eso fue en Tijuana, es una amenaza de secuestro. Ellos tienen bien identificado al secuestrador, no voy a dar nombres para no alertarlos, pero éste es un secuestrador que estuvo en la cárcel y las autoridades lo dejaron libre y ahora anda secuestrando, matando, robando gente. El FBI de Estados Unidos lo tiene bien identificado. Gracias a ellos me pudieron informar. Y yo traigo seguridad por mi propia cuenta porque en el Gobierno de Tijuana no me quisieron dar la seguridad.

—¿Has pensado en cambiar de residencia Julio?

—No, la verdad no, porque yo siempre he vivido toda mi vida en Culiacán ¿me entiendes? y nunca nos había pasado esta cosa. Yo tengo amigos de toda clase de personas, ustedes lo saben, siempre lo he dicho. Y gracias a Dios yo nunca he tenido ni un solo problema. Y ahora se suscita este acontecimiento que nos parte la madre, la verdad. ¿Por qué? Porque mi hermano, imagínate, no se murió de las drogas, no se murió cuando andaba en su adicción, cuando hizo tanto daño como yo hice tanto daño y ahora estaba recuperado, aliviado, ayudando a muchísima gente. Ustedes se dan cuanta los pacientes que tiene mi hermano en el centro de rehabilitación, tiene más de 250 personas, la mayoría no paga, él estaba ayudando. A eso me dedico también yo a tratar de ayudar a salvar las vidas que más se puedan... y ahora un pinche pendejo como éste, quitarle la vida así nomás como así. Pero esto no se va a quedar impune.

—¿Ya hablaste con el gobernador?

—No, no he hablado con el gobernador, no he recibido ninguna llamada de parte del Gobierno, se han hecho pendejos también, yo creo, no sé qué es lo que esté pasando, pero pues yo tengo que actuar por mi propia voluntad.

—¿Van a poner denuncia ustedes, Julio?

—Las denuncias ya están, campeón, las denuncias ya están, ayer se hizo toda la averiguación y se han hecho pendejos, entonces yo voy a tener que actuar por mi propia cuenta.

—¿De qué manera Julio, por tu seguridad?

—Sí claro, mi seguridad y todo eso ¿me entiendes? Y vamos a tratar de que esto se esclarezca, yo les prometo que esto no va a quedar impune, es más no lo juro... ¡Chingo a mi madre!

Los videos en ese momento se hicieron virales y circularon por todos lados, en especial en todo la República Mexicana y parte de Estados
Unidos.

Todos los noticieros, incluyendo los internacionales daban a conocer la noticia y el disgusto de mi hermano era fuerte por la falta de tacto
y burocracia por parte de las autoridades competentes.

Ese mismo día que velábamos a mi hermano, nació su nieta: Anel, La
Borreguita, como se le conocía en el ámbito del boxeo, acababa de dar a
luz a una hermosa bebita y le habló a su hermana Karina para decirle que
quería ir a despedirse de su papá. El doctor del hospital le dijo que era delicado, sin embargo, por la insistencia de mi sobrina le permitió presentarse
y no pasar más de diez minutos. Al llegar ella al funeral se rompió en llanto
con mi hermana. Fue muy triste ver esa escena de una familia completa
lastimada por la partida inesperada de Rafael El Borrego Chávez.

Julio César, ya con la cabeza mas fría, hizo un video en el cual expresó lo siguiente:

> **Quiero ofrecerle una disculpa al señor Gobernador Kiko
> Vega por unas declaraciones que hice en su contra, las hice
> porque estaba enojado y triste por lo de mi hermano, pero
> me une una gran amistad con el señor Kiko Vega, sé que
> él no estuvo enterado sobre el anónimo secuestro, me une
> una gran amistad con él y está tratando de hacer bien las
> cosas, no nada más está en sus manos.**

Julio César se mantuvo en contacto con las autoridades y todo lo dejó en
sus manos. En los siguientes días continuaron las muestras de apoyo y
cariño de toda la gente hacia nosotros de manera incondicional.

"Gran oportunidad para Omar"

A los pocos días Julio consiguió la oportunidad para su hijo Omar de pelear por el título plata del prestigiado Consejo Mundial de Boxeo contra un peleador apodado La Amenaza, que si bien no tenía los atributos para ser campeón del mundo, sí presentaba un estilo poco ortodoxo que hacía pagar caro la derrota, siendo un peleador que en varias ocasiones daba la sorpresa de salir en los compromisos con sus brazos en alto.

De ganar este cinturón, se ponía en la antesala de disputar un campeonato del mundo y a su vez se acercaba la posibilidad de vengar a su hermano contra el Canelo, lo que significaría un futuro bastante prometedor.

Por ello, de inmediato me habló mi hermano Julio para que empezara a mover a Omar y que llegara en la mejor forma de su carrera.

Omar se presentó en los entrenamientos motivado, sin embargo, conociéndolo, con esa pegada, con su alcance y tantos combates sostenidos, sé que podría dar mucho, mucho más.

Yo seguía muy dolido por lo del Borrego y me dio fiebre, pensaba que era por el nivel de estrés que había manejado en los últimos días. Sin embargo, la fiebre no bajaba y tuve que ir al hospital a que me revisaran. Me sacaron análisis y me tuvieron que internar porque la fiebre no disminuía. Me bajaban la fiebre pero a las pocas horas volvía con la temperatura más alta y los doctores no encontraban qué era lo que me provocaba. Perdí el apetito y la cosa se puso muy seria, me encontraba infiltrado y constantemente me solicitaban muestras de sangre, mis pies y manos inflamados, a la semana mi hermano Julio llegó y al verme con respirador, suero y no sé qué tanto más se le desfiguró la cara y me dijo:

—¡Aliviánate carnal!

—Allá me está esperando el Borrego. Al rato nos vemos Borreguito —le dije con una sonrisa en mi boca.

—Déjate de cosas ¡Échale ganas carnal!

A los pocos días me pasaron al quirófano y salí bien de la operación. Por desgracia no pude acompañar a mi sobrino Omar a su pelea por el título plata del Consejo Mundial de Boxeo.

Tres días después se presentó la oportunidad esperada y mi hermano se encontraba de lleno en la preparación de Omar, quien se había hecho de otros elementos para que me suplieran.

Después de las conferencias de prensa ambos peleadores se veían con el cinturón y así lo externaban ante los medios. Lo mismo ocurrió en el pesaje. El físico de Omar, como era costumbre, presentaba buena definición muscular sin mostrar deshidratación.

El día de pelea, la gran mayoría de los presentes se encontraba del lado de Omar, como se imaginan, todo el auditorio se volcaba por conseguir una fotografía o autógrafo con mi hermano.

Hicieron las presentaciones respectivas y sin más preámbulos dieron inicio a la contienda.

La pelea se empezó a desarrollar con un Omar que no se sentía seguro y con un rival marrullero, que constantemente golpeaba por debajo de la cintura y daba golpes a la nuca, definitivamente eso sacó de concentración a Omar, sin embargo, se concentró más en evitar los golpes del contrario que en atacar y hacer una estrategia. El resultado: el abucheo general del auditorio, una oportunidad desperdiciada, otra derrota más y sin la oportunidad de reivindicarse ante la actuación que había hecho su hermano contra el Canelo.

Nada más doloroso para Julio, mi hermano, que ver el repudio de la gente y la impotencia de quererlos ayudar y no saber cómo.

De antemano les digo que tanto el Junior como Omar, son buenos muchachos, son personas de buen corazón y no lo digo como su tío, cegado por la sangre que corre por nuestras venas de los Chávez. Lo digo de verdad. Es una gran responsabilidad subirse a un ring como el hijo del mejor peleador que ha dado México. Hagan lo que hagan siempre serán comparados con su padre o, como le apodan, con "el gran campeón mexicano", Julio César Chávez González.

¡Que viva El César!

El tiempo acarició el alma de Julio César, pero también lo golpeó muy fuerte, como en ninguna de sus peleas, y fue a través de las mismas enseñanzas que le había dejado cada una de sus vivencias, como llegó la sabiduría y la madurez.

Sus gestos hacia los mas necesitados aún son la debilidad de mi hermano. La fundación Julio César Chávez ha crecido y se ha hecho presente en los eventos. Así fue en el maratón convocado por él en la Ciudad de México, en donde su gran poder de convocatoria se hizo presente, llenando las calles de corredores donde el campeón mexicano abría paso como punta de lanza.

Julio César continúa dando pláticas de motivación, en ellas comparte su testimonio de vida, ante una multitud de jóvenes y adultos, donde muchos de ellos terminan más que conmovidos.

El rating televisivo tanto en Azteca como en ESPN se mantiene en alto cuando participa mi hermano debido a la manera tan clara y original de cómo dice las cosas, de manera directa y con el corazón, siempre sincero y siempre del pueblo.

Sus constantes viajes de trabajo y proyectos de todo tipo lo mantienen con su mente ocupada, siendo un ejemplo de vida para cualquier persona que quiera superarse. Su carácter, duro como el de un guerrero, noble y transparente como el de un niño, se mantienen en el agrado de la gente que vive y disfruta de uno de los grandes líderes natos de esta época.

La vida llena de sucesos fantásticos, de los cuales se necesitarían más de cien vidas para completar las anécdotas de Julio César, aún da mucho de qué hablar; personas importantes en el mundo de la política, de la televisión y líderes de opinión se siguen acerando a mi hermano.

Y la colección de sucesos sobre la vida de mi hermano se continúa escribiendo con letras de oro.

Soy Rodolfo Chávez González, el orgulloso hermano mayor y fiel admirador del gran Julio César Chávez. Estoy agradecido con la vida que me ha tocado porque a través del dolor conocí el gozo, del sufrimiento el placer, y así como pasé por momentos difíciles también he disfrutado de esta vida llena de satisfacciones y gratos instantes. Y de alguna manera fui parte de de las circunstancias de la vida, para que mi hermano dejara un legado en la historia de la cual se continuará hablando en ésta y en las próximas generaciones.